JN256924

1店舗から多店舗展開

飲食店経営
成功バイブル

23の失敗事例から学ぶ「お金」の壁の乗り越え方

株式会社ビーワンフード代表取締役
公認会計士・税理士
廣瀬 好伸

合同フォレスト

はじめに

本書を手に取られたみなさんは、すでに飲食店を経営しているか、これから独立開業をしようとしているか、いずれにしても飲食店経営で成功しようと考えている人たちだと思います。

夢なき者に理想なし、
理想なき者に計画なし、
計画なき者に実行なし、
実行なき者に成功なし。
故に、夢なき者に成功なし。

吉田松陰の言葉です。

成功への道のりも、すべては明確なゴール（＝夢）を描くことからはじまります。そして、その夢を達成するための計画を立てて実行することで〝成功〟を手に入れられるのです。しかし、飲食店経営にはその過程でいろいろな課題や悩みがつきものです。ましてや、その目標が高ければ高いほど、困難も大きくなります。

「ヒトがいない！　モノがない！　カネがない！」

どこかからそんな声が聞こえてきそうですが、とりわけお金について考えてみると、

いつも金策に走り回っている。
売上はそこそこ順調だけど、なかなかお金が貯まらない！
出店しようとしたら、銀行の融資がなかなか通らない！
銀行の融資条件がなかなかよくならない！

などなど、問題は山積みで、「本当にこれからやっていけるんだろうか？」「今後出店していくときに銀行からちゃんと融資してもらえるだろうか？」「夢を達成するためにお金とどうやって付き合っていけばいいのだろう？」と、将来に漠然とした不安をいだいてい

るオーナーや店長さんも少なくはないでしょう。

カネのことをきちんと考えようと思っても、「何からはじめればいいのかわからない」という人も多いのではないかと思います。


ところで、ある調査によると、飲食店が1年以内に閉店する確率は約3割だそうです。

さらに、5年以内には約7割、10年以内には約9割が閉店すると言われています。

つまり、10年後まで生き残れる飲食店は、10店舗中約1店舗だけということなのです。


では、生き残るためには何が必要か？

生き残るためには「カネ」が必要なのです。

飲食店で成功しようという夢も、「カネ」が続かなければその時点で「おしまい」です。

「カネ」がなければ、たとえば多店舗展開という夢も実現できません。


さて、ここで少し自己紹介をさせてください。

私は、株式会社ビーワンフードの廣瀬好伸と申します。飲食店経営に特化したコンサルティングサービスを提供している会社の代表取締役で、公認会計士と税理士の資格をもっています。

ビーワンフードは、「カネ」と「ヒト」の両面から飲食店が「倒産することなく、〝安全に〟多店舗展開を実現」できるようにサポートしています。また、とくに「カネ」に関しては、私が代表を兼ねている「税理士法人ミライト・パートナーズ」と一体となって、財務面と税務面でのサポートをしています。

飲食店経営に関する「財務コンサルティング」「経営コンサルティング」「税務コンサルティング」の3つを兼ね備えた専門性の高いサービスを提供している、日本でも珍しい会社だと思います。

私は大学在学中に公認会計士の資格を取得し、卒業後は大手監査法人に入社しました。そこで銀行の会計監査を5年間担当しました。つまり、銀行の中枢部（本部）を相手に、その決算などが適正かどうかをチェックする業務に携わっていたわけです。

そして、この会計監査をおこなっていると、融資審査資料や稟議書、融資マニュアルなどの融資実務にもふれますので、銀行がみなさんの会社をどう評価して、どういうルールに基づいて融資を実行しているかがわかってきます。この貴重な経験から「銀行のしくみ」や「銀行との付き合い方」を知ることができ、いまの当社独自のサービスにつながっています。

また、公認会計士、税理士の資格をもち、経営を「財務」と「税務」の両面からアドバイスする上でも、5年間の銀行での監査経験で学んだことが、ほかにはない「スパイス」となっています。

さらに、もう1つ。私自身も実際に店舗経営の経験があることです。監査法人を退職し、自分の会社を興したときに半年間ほど鉄板焼き・お好み焼き店のオーナーになりました。自分が経験したからこそ、オーナーと同じ目線で、わかりやすく、受け入れやすいアドバイスを強く心がけることの重要性を実感しています。

先ほど強調したように、店舗経営において「カネ」はとても重要です。

本書では、

銀行監査の経験などで、お金を「貸す」側の事情に詳しい。

飲食店経営の経験から「借りる」側の気持ちがわかる。

そして財務、税務の「専門家」としての知識やノウハウを目一杯に盛り込みながら、飲食業界で夢を叶えるための「カネ」についてお話をしたいと思います。

夢を叶える会社は、
お金に強い会社である。

これまで多くの飲食店経営のお手伝いをしてきましたが、この言葉に当てはまらない会社はありません。

本書を読み進めていただきながら、飲食業界で夢を叶えるために「カネ」の土台をしっかり固め、リスクを避けながら攻めていくためのポイントを身につけていただければと思っています。

さぁ、あなたの夢を叶えるための一歩を踏み出していきましょう。

＊本書では、政府系金融機関、都市銀行、地方銀行、ゆうちょ銀行、信用金庫など、すべてまとめて「銀行」で表記しています。

株式会社ビーワンフード代表取締役
公認会計士・税理士　廣瀬　好伸

目次

第3章 2店舗目を出せる人、出せない人

第4章 5店舗以上出せる人、出せない人【マネジメント編】

第5章 5店舗以上出せる人、出せない人【銀行の格付け編】

第6章 10店舗以上出せる人、出せない人

第1章

飲食店経営には**見えない壁**がある!

1 店舗経営が思いどおりにいく人、いかない人

飲食業界に関わっている多くの人が、将来に夢や希望をもっていると思います。これから独立開業したい人、すでに開業して多店舗経営を考えている人、置かれている状況に違いはあっても、

「この業界で成功するぞ！」

という気持ちは、みなさん同じだと思いますし、本当にそうなっていただきたいと思うのですが、毎年多くのお店がつぶれたり、撤退を余儀なくされたりしているのも、また事実なのです。

総務省統計局のデータによれば、平成21年の全国の飲食店数は約67万店、平成24年には約61万店になっています。単純に引き算すれば、3年間でおよそ6万店が減少したことに

なりますが、この間には新規出店したお店もあるはずですから、つぶれたお店の数は6万店よりもさらに多いということになります。

誰もが「きっと成功する」と思ってお店を開いたはずなのに、そのとおりにいく人、いかない人がいます。そしてデータを見る限り、思いどおりにいかない人の数は決して少なくありません。

では、なぜ思いどおりにいく人といかない人がいるのでしょう。

私は、飲食店経営には見えない「壁」があり、その壁を乗り越えられる人と、乗り越えられずにぶつかってしまう人がいるのではないかと考えています。

「食べること」が私達の生活にとても近いものだけに、飲食店経営もなんとなく簡単にできると思われがちですが、実際はそれほど単純なものではなく、逆にむずかしいビジネスだと思います。

開業するにも資金や店舗物件が必要ですし、開業してからも集客やメニューのこと、スタッフのこと、お店や設備の維持など、お店を続けていくために考えなくてはいけないことがたくさんあります。

一つひとつは目に見えて問題になるようなものではないかもしれませんが、きちんと対処していかないと、それが見えない壁となり、うまく進めなくなってしまうのです。


私は、よく飲食店経営を〝ドライブ〟に例えてお話しします。

同じドライブでも、運転免許をもっている人と無免許で運転する人では、その内容に大きな違いがあります（そもそも無免許でドライブは違反ですが）。また、ゴール地点や道順をきちんと確認して走るのと、思いつきで走っているのとでは、ドライブの行き着く先や所要時間も違ったものになります。

飲食店経営に現れる壁も同じだと思います。確認しながら進んでいけば、壁に気付いて回避したり、乗り越えたりすることもできるのに、考えもなく進んでいくと、壁に気付かず、正面からぶつかってしまう可能性が大きくなります。

「壁に気付かないなんて、そんなバカな!」と思いますが、実際に気付かずにいる人がどれほど多いかは、先ほどのつぶれたお店の数が物語っているのではないでしょうか。

2 とくに気をつけたいのは、「カネ」の壁

私も以前、飲食店オーナーを経験したことがあります。店長を任せていた人が辞めるのをきっかけに閉店することにしたのですが、オーナーの立場を経験できたことは、飲食店のコンサルティングをする上でとてもいい勉強になったと思います。

経営には、大きく「ヒト・モノ・カネ」の3つの要素(経営資源)があり、私は、それぞれに「壁」があると思っています。その意味で、私のお店は「ヒト」の壁にぶつかったといえるかもしれません。

ただ、私の場合、店長の退職が閉店のきっかけにはなりましたが、原因ではありませんでした。もし私がお店を継続する道を選んだなら、別の店長を探して今でも営業を続けていたかもしれません。しかし、そのときの私は、自分の興したコンサルティング会社に全

力を注ぎたいという気持ちが強かったので、新たな店長を雇うことはしませんでした。

つまり、私の直面した「ヒト」の壁は、乗り越えようとすれば乗り越えられるものといえます。


また、「ヒト」の壁と同様に、店舗物件やお店のメニュー内容、食材、設備機器など「モノ」にも壁はありますが、こちらも工夫次第で乗り越える方法は見つけられる場合が多いと思います。

では、「カネ」の壁はどうでしょうか。

たとえば、

「売上は上がっているのに、手元に現金が残らない!」

「お店は繁盛しているのに、なぜか儲からない」

あるいは、

「銀行からお金が借りられない」

「銀行への返済が大きな負担になってきた」
「多店舗展開していきたいので銀行からの融資をもっと受けられるようにしたい」
など、飲食店経営を続けていれば、「カネ」の壁もいろいろなところで現れてきます。

そして、この「カネ」の壁を乗り越えられないと、お店の経営自体が続けられなくなります。

先ほどのドライブの例に当てはめてみると、

「ヒト」……会社という〝車〟に一緒に車に乗る人
「モノ」……〝車〟そのものや車載機器
「カネ」……〝車〟を動かすための〝ガソリン〟

となります。

ドライブの途中、目の前に「ヒト・モノ」の壁が現れても、「カネ」というガソリンがあれば車を動かして乗り越えることができます。反対に、「カネ」がなくなれば、いくら

「ヒト・モノ」があっても先に進むことができなくなってしまうのです。

3 「だるま理論」で「カネ」の壁を乗り越える!

「カネ」について、もう少し話を続けましょう。

私は、「ヒト・モノ・カネ」の関係を下の図−1のように考えています。

飲食業界で頑張ろうと考えているみなさんは、それぞれ夢をもっていると思います。図の「ヒト・モノ」は、そんなみなさんの「夢を叶えるための攻めのアクション」部分です。

たとえば、どんなコンセプト・雰囲気のお店にするのか、どんなスタッフが働き、どんな接客をするのか

■図−1 「ヒト・モノ・カネ」の関係

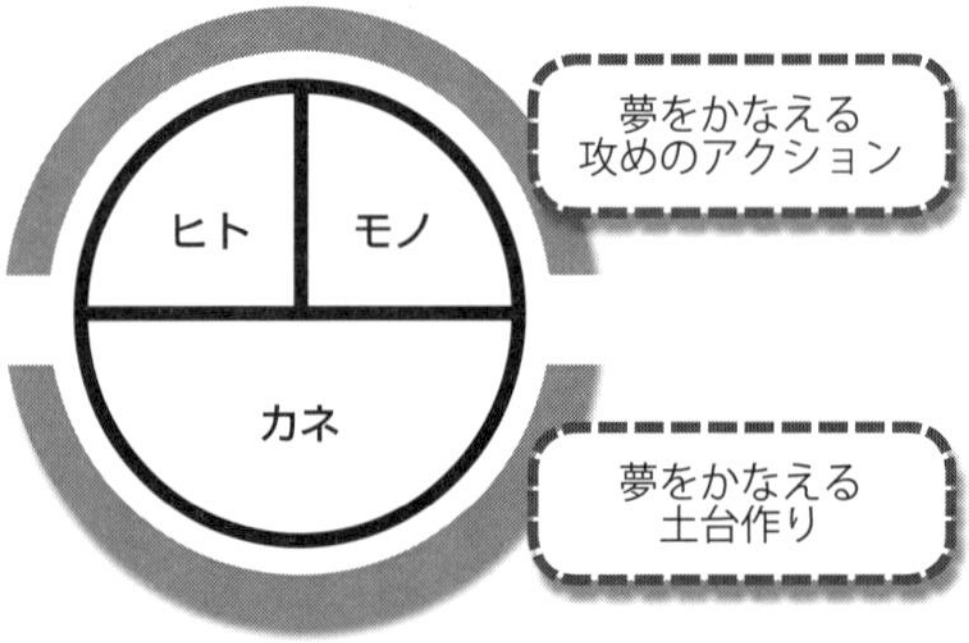

など、何に力を注ぐのか（投資をするか）は、店長やオーナーの個性が生きる部分ですし、飲食店経営の最前線で店舗や会社の行く末を左右する大切な要素になります。

一方、「カネ」は、「夢を叶えるために必要な土台」です。どんなに素敵な夢をもっていても、その夢を追い続けられる（＝倒産しない）会社でなければ、アクションを起こすことはできません。

飲食店経営というのは、投資と回収を繰り返していくビジネスです。経営を続けていくには、きちんと資金を確保して「カネ」の土台をしっかり固めた上で、投資を続けていくことがとても重要なのです。

私は仕事柄、これまでにたくさんの飲食店オーナーを見てきました。そこで見えてきたのは、「カネ」の大切さに気付かず、ほったらかしにしている人がとても多いことです。

また、その反対に飲食業界で成功している人の多くは、「カネ」に対する考え方がしっかりしているものです。一生懸命勉強しているからこそ、「カネ」の壁を事前に見つけ、うまく乗り越えてこられたのだと思います。

これまで「カネ」にあまり関心のなかった人も、「カネ」ときちんと向き合っていけば成功する可能性は大いにあります。

ちなみに、先ほどの図の丸い円をすこし変形しますと、何かに似てくると思いませんか？

そうです。「だるま」です。

ご存じのように、だるまは下半身に重心のある「起き上がり小法師」の仕組みでつくられています。倒そうとしても何度でも立ち上がり、絶対に倒れません。「カネ」という土台に力を注ぎ、経営の重心を下に保っていれば、何かのアクシデントがあっても倒れにくい会社になるはずです。これを私は「だるま理論」と呼んでいます（図−2）。

■図−2　土台に力を注ぐ「だるま理論」

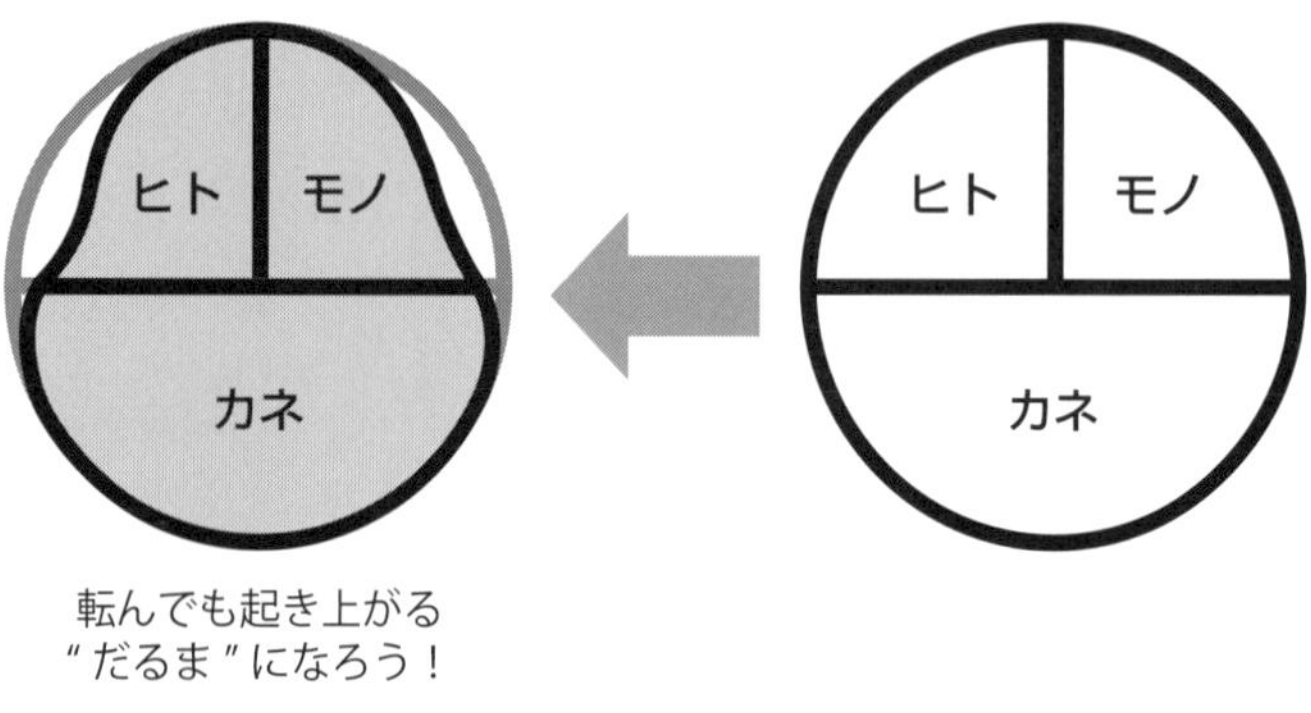

商売繁盛の縁起物としてだるまを飾るお店も多いですが、ぜひとも店舗や会社の経営体質そのものをだるまの形にして、「願いごと成就」の黒目を塗りつぶしていただきたいものです。

4 経営の運転免許を持とう

しかし、だるまのような経営体質がよいといっても、自然にそうなるわけではありません。倒れない体質になるためには、オーナーの努力も必要です。

先ほど経営をドライブで例えましたが、教習所に通い、運転の知識や技術を身につけて運転するのと、何も準備をしないで運転するのは、まるで違います。安全で快適にドライブを続けるためには、〝運転免許〟が必要です。

経営も同じです。

倒れない体質づくりをするには、オーナーが経営の運転免許をもつことが重要なのです。

しかも、車を運転するときに常に免許を携帯するように、お店を続ける限り、この経営の運転免許もずっと必要です。これから独立開業する人だけでなく、すでに開業し、今後多店舗展開を考えているオーナーも、身につけておかなければならないと思います。

もちろん、経営の運転免許を発行してくれる教習所はありません。そこで、私の考える運転免許をここでご紹介しておきましょう。

ポイントは大きく5つあります（図1-3）。

①ゴールを設定する

ゴールを明確にしなければ、車を走らせる方向も決まりません。

飲食店経営でいえば、オーナーの描く〝夢〟の部分です。自分がどんなお店をつくりたいのか、将来どんな経営をしていたいのかを、できるだけ具体的に描けたほうがいいと思います。

多店舗展開を考えている人は、なおのこと具体的なゴール設定が重要です。規模が大きくなれば、「ヒト・モノ・カネ」の扱いも大きくなります。オーナーがゴールを示すことで、みんなが同じ方向を向けるようになるのです。

②カーナビを設定する

ゴールが決まったら、そこまでどのように進んでいくのかを考えます。カーナビを設定せず、地図も見ないで走ると、途中で迷ってしまったり、行く手を壁にふさがれたりする可能性も高くなります。

飲食店経営でいえば、たとえば会社の事業計画がこれに当たります。ゴールを目指して計画的に進めば、様々な壁に当たるリスクを減らすことができると思います。

③ルートやスピードメーターを確認する

カーナビを設定しても、そのとおりに進んでいるかは確認する必要があります。また、車のスピードが出すぎていないかも、チェックしていかなくてはいけません。走りながらこまめにチェックすることで、大きなトラブルを防ぐことができるでしょう。

これを飲食店経営に置き換えると、事業計画と見比べながら業績や財務状況などをチェックするということになります。

④ガソリンのチェック

ガソリンが切れたら、車は走ることができません。飲食店経営でいうなら、「カネ」がなくなれば会社の経営も続けられないということです。そして、そのような事態にならないように、資金繰りをチェックし、不足しそうなら早めに資金調達してお金を補充するということになります。

このとき、ほとんどのオーナーは開業資金や運転資金を調達するために、銀行の融資を利用すると思います。そして、同じ融

■図－3　経営の"運転免許"とは

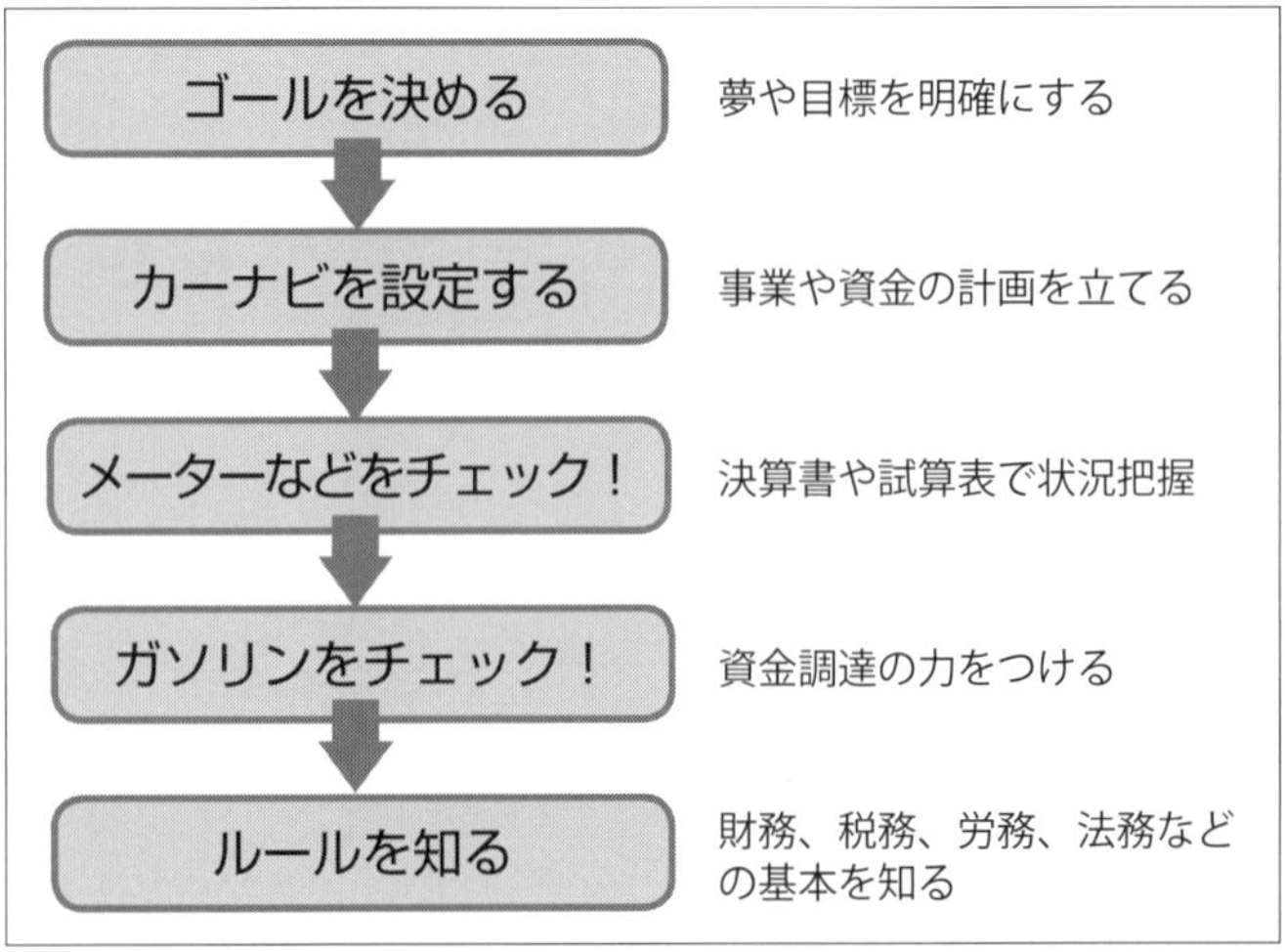

資を受けるなら少しでもよい条件でと考えるはずです。ですが、よい条件で融資を受けるには、それにふさわしい会社になることが必要です。よい条件で融資を受けるポイントもこの後で詳しく紹介していきたいと思います。

⑤ルールを知る

車の運転免許の大前提として交通ルールを知っておく必要があるように、飲食店経営でも様々なルールを知ることが大切です。資金調達などの財務ルール、税金の税務ルール、労働基準法や社会保険などの労務ルール、会社法などの法務ルールなどです。

各分野の詳しいルールは専門家に任せるとしても、それら専門家に丸投げするのではなく、最低限の〝概要〟は把握しておく必要があります。

次章からは、1店舗目、2店舗目、さらに5店舗、10店舗とステージを追いながら、気をつけていただきたい「カネ」の壁と、それを乗り越えるためのコツを、ケーススタディを交えながらご紹介していきます。一つひとつを参考にしていただきながら、安全な経営のための〝運転免許〟を手に入れてください。

第2章

1店舗目を出せる人、出せない人

1 あやふやな夢が最初の「壁」

この章では、これから独立開業したいと考えている人がぶつかりやすい「壁」について、紹介していきたいと思います。

初めての自分のお店ですから、あんなふうにしたい、こんなふうにしたいとイメージするのは、とても楽しいことだと思います。しかし、何事も最初が肝心。まずは、自分の目指すゴールをはっきりさせることが大切です

これが、経営の〝運転免許〟の第1歩だと考えてください。

今、あなたの描いている夢はどんな夢でしょう?

それが、あなたの目指すべきゴール地点ともいえます。

ゴールが決まれば、進むべき道も決められるようになります。事前に道順などを調べることができれば、飲食店経営に現れる様々な壁も避けられる可能性が高くなると思います。

Case study ① 目指すべきゴールを決める

AさんとBさんは、ともに同じ大手居酒屋チェーンで働きながら、自分のお店の開業資金をためてきました。そして、2人ともだいぶ資金がたまってきたので、開業に向けて動き出そうとしています。

Aさんの場合

Aさんには、「自分のお店を出し、いつかたくさんの店舗を経営してみたい」という漠然とした夢がありました。お店が儲かれば、店舗数を増やしたいという考えはありますが、「細かなお金の管理は苦手だし、あとはなりゆきで、できるだけたくさんお店が出せたらいいかな」と、将来のイメージはあまりはっきりしていませんでした。

その後、Aさんは自分の居酒屋を開業。当初の売上がよかったので、すぐに2号店、3号店を出店したのですが、出店費用がかさんでしまい、結局、最初のお店の経営も苦しくなり、閉店することになりました。

Bさんの場合

Bさんには、「自分のお店を出し、3年後までにお店を5店舗に、そして、お店で人を育てながら、10年後には20店舗まで増やす」という明確な夢がありました。

その後、Bさんは自分の居酒屋を開業。売上の数字をきちんと把握し、銀行の担当者とも将来を相談しながら、無理のない計画を立てました。そして、翌年に2号店、さらにその翌年にも3号店をオープンさせることができ、現在は、10年後の20店舗実現に向けて少しずつ準備を進めているところです。

> うまくいく人、いかない人
> そこには、**「夢を具体的に描いていない」という壁**がありました。

AさんもBさんも、居酒屋を経営するという夢は同じですが、Aさんの夢はとてもぼんやりとしていたのに対し、Bさんの夢はとても明確で、具体性がありました。

Aさんが閉店した要因は1つではないかもしれませんが、ゴールのイメージがあいまいなまま無計画に進んでしまったことで、大きな壁にぶつかったのは確かだと思います。

ドライブするときも、まず「どこに行こうか」から計画をスタートします。目的地を決め、地図でルートをたどるか、カーナビをセットするかして、どうすれば早く、安全に、目的地につけるかを考えます。

ところが、「なんとなくあの辺まで行きたいけれど、とりあえず走ってみるか」となると、近道を探すこともできないし、その先に危険な場所があってもわかりません。結果、目指していた付近までもたどり着けずに引き返すことになりかねません。

つまり、夢は具体的に描くからこそ、そこにたどり着くまでの道のりが明らかになります。

ケーススタディのBさんも、夢が具体的だったから、その先に進むことができました。たとえば、3店舗、5店舗と増やすにしても、いつの時期までに社員をどのくらい雇って、どういった教育をしながらお店を任せるか、出店資金はどのタイミングでどれくらい必要で、いつまでに融資の準備をしなければいけないかなど、具体的に考え、準備を実行したからこそ、3年後に5店舗のオーナーになることができたのです。

これから独立開業をしようという人は、もう一度自分の夢を再確認してみましょう。できるだけ具体的にゴールを決め、やるべきことを明確にしてみるとよいと思います。さらにいえば、それを実行に移すことも大切です。

人はなかなか「問題が起こる前に準備する」ことができないものですが、何事も備えあれば憂いなし。困ってからでは、遅いのですから。

2 開業前にも「壁」は現れる！

独立開業の計画を立てるとき、内装のことや提供するメニューのことなど、どうしても目に見えるところに気持ちが行きがちです。本当は、どんなお店も「カネ」がなければ開けないはずなのに、飲食店オーナーの中には、「お金のことは苦手だから」ときちんと向き合わない人も少なくありません。

事業をはじめる前、開業資金を用意するところから、すでに壁は潜んでいます。幸先よく経営のドライブに出発できるよう、「カネ」のことをきちんと考えておきましょう。

Case study ② 開業資金を用意する

AさんとBさんは、それぞれ自分のお店をもつためにお金をため続け、ようやく十分になったと思い、お店を出すことを決意しました。

Aさんの場合

Aさんは、店舗の保証金や家賃などの相場を事前に調べ、内装デザインや工事代も早めに見積りを取って、さらに予備のお金まで用意していました。

ところが、実際に物件探しをはじめてみると、想定していたとおりには見つかりません。結局、出店の予定に間に合わせるために、「予備のお金もあるし、これくらいなら大丈夫だろう」と、少し大きめの物件を借りることにしたのです。

すると、開業準備が進むにつれて、余裕のあったはずのお金が足りなくなり、Aさんは出店計画を一時中断することになってしまいました。

Bさんの場合

Bさんも、出店にかかる費用を事前に想定し、予備のお金も用意していたのですが、思いどおりの物件はなかなか見つかりませんでした。Aさんのように少し大きめの物件を借りることも考えましたが、その前に必要になる費用をもう一度計算してみることにしました。

物件の規模が大きくなれば、それにともなって内装デザインや工事にかかる費用も多くなります。計算の結果、現状の予備のお金を合わせても、出店の費用がまかなえないことがわかりました。

そこで、物件の契約を焦らずしばらく様子を見ていたところ、開業は少し遅くなりましたが、当初の予算内に収まる物件を見つけることができ、お金に余裕をもって営業をスタートすることができました。

うまくいく人、いかない人
そこには**「開業費用の読みの甘さ」の壁**がありました。

ドライブするなら、出発する前にガソリンを入れておかなければいけません。これから長距離を走ろうというときに、少しのガソリンを入れただけでは、途中で止まってしまう可能性もあります。

Aさんは出店を急いだばかりに、少し大きい物件を契約してしまいました。しかし、金額が上がるのは物件の家賃や保証金だけではなく、内装・設備などの工事費、また什器・備品代などにも影響が出てきます。このような状態のまま「少しくらい大丈夫」と進めると、Aさんのように開業費用がまかないきれない可能性もあるのです。

また、何とか開業できたとしても、そ

■図－4　手持ち資金と開業費用

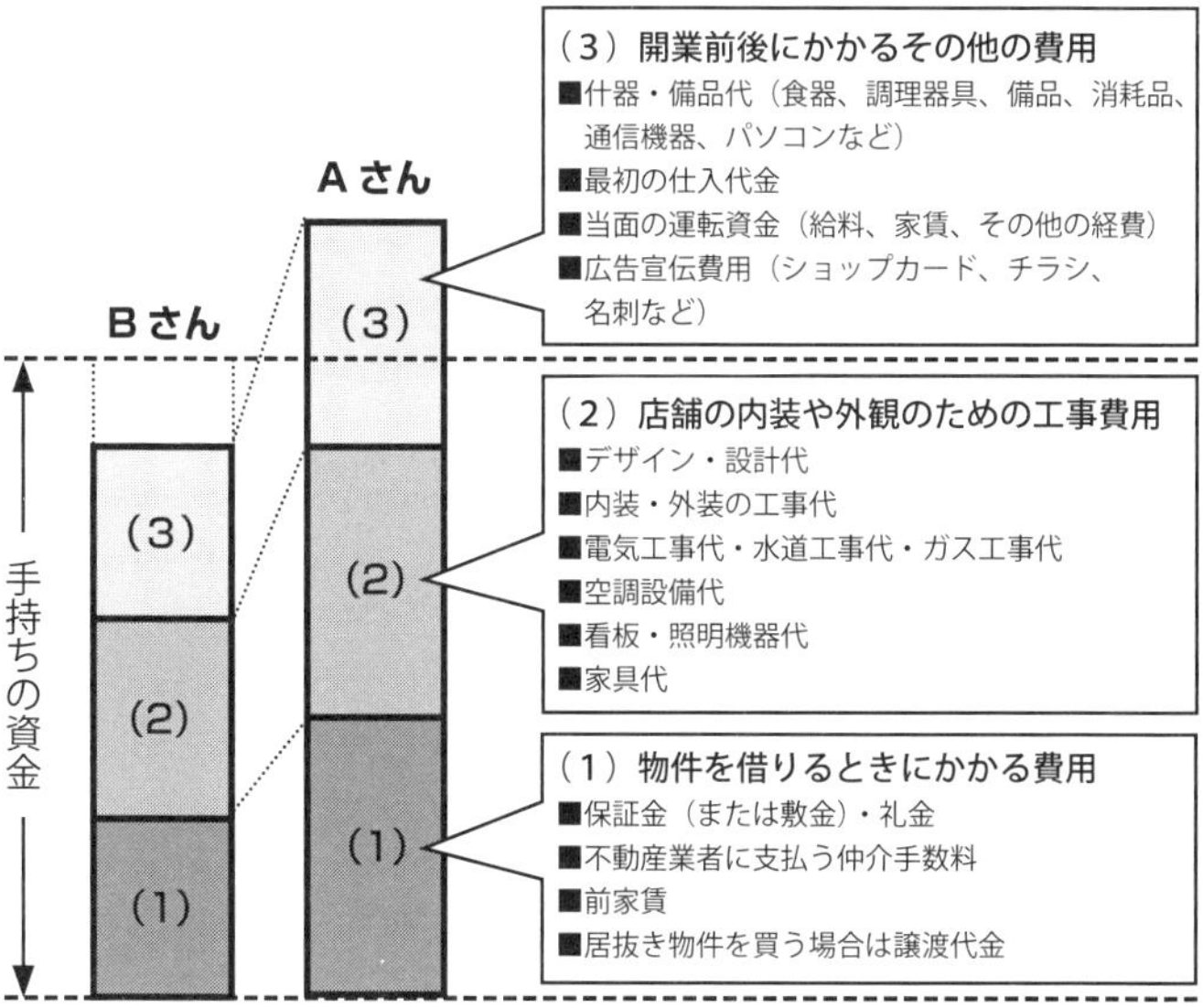

の後の資金にも余裕がなく、経営が行き詰まってしまうかもしれません。

物事の始まりには、思わぬ出費がつきものです。Bさんのように、シミュレーションをしながら慎重に進めると、壁にぶつからずにすみますね。また、その際には金額は厳しめに見積もり、手元の資金に余裕をもたせておくことも大切です（図1-4）。

3 本当にその銀行でお金を借りられるの？

読者の中には、独立開業を目指し、一生懸命開業資金を貯めている人もいると思います。ですが、ほとんどの人は自己資金にプラスして、銀行からの融資を受けようと考えているでしょう。その計画自体は自然なことだと思うのですが、開業資金の融資はどこでも受けられるというわけではありません。

いざというときに慌てないよう、あらかじめ銀行を調べておくようにしましょう。

Case study ③ 融資を受けることができる銀行を知る

AさんとBさんは、それぞれ自分のお店をもちたいと自己資金をためていました。ある程度の金額となり、足りない分は銀行から融資を受けていよいよ独立開業しようとしています。

Aさんの場合

Aさんは、いつも自分が利用している都市銀行で融資を受けたいと考えました。現在勤務している飲食店とも付き合いがあるため、銀行の担当者とも顔見知りだったのです。

そこで、Aさんは銀行にその担当者を訪ね、融資の相談をしてみたのですが、「融資はむずかしい」と断られてしまいました。自己資金だけではどうにも足りず、結局、独立を見送ることになりました。

Bさんの場合

Bさんは、まず、自分が融資を受けるにはどこに相談すればよいかを調べてみました。そして、日本政策金融公庫の「新創業融資制度」という制度があることを知り、早速窓口で相談してみると、自分でも利用できることがわかりました。

Bさんは、自己資金と融資を受けたお金で念願のお店を開業することができました。

うまくいく人、いかない人
そこには**「銀行の選び方」の壁**がありました。

私たちが日常的によく利用する銀行は、都市銀行やゆうちょ銀行ですが、身近であればあるほど融資が受けられると思いがちですが、開業資金の融資を満額受けられる確率はとても低いというのが現実です。

「足りない分は銀行から借りればいいか」などと気楽に考えていると、あとで資金調達に困ることになります。

融資にも種類がある①

資金調達の融資を受けられる金融機関にはいくつかの種類があります。

レベル1からだんだん融資を受けるハードルが高くなると考えてください。

レベル1：日本政策金融公庫からの融資

金融機関の融資の中では、一番借りやすいといえます。「新創業融資制度」を利用すると、担保も保証人も原則不要です。

旧来は社長の連帯保証が必須でしたが、現在は不要なケースが増えてきています。ただし、自己資金の比率など、一定の条件はあります。

レベル2：信用保証協会の保証付きの融資

金融機関、信用保証協会が一体となって行う融資です。万が一借入金を返済できなくなったとき、信用保証協会が借り手に代わって金融機関に返済します。金融機関のリスクが非常に低いので、融資のハードルは低いでしょう。

ただし、融資を受ける際、信用保証協会に保証料を支払わなければなりません。また、万が一信用保証協会に肩代わりしてもらった返済金は、信用保証協会に返済していくことになります。

レベル3：金融機関の通常の融資（プロパー融資）

金融機関が独自に実施している融資は、一般的にプロパー融資と呼ばれています。こちらは金融機関が自社のリスクで実施するもので、信用保証協会の保証はつきません。

借り手にしてみれば、保証料が必要ない分有利といえますが、創業時の資金を融資してもらうのは不可能に近いでしょう。

レベル4：金融機関の当座貸越の融資

信用保証協会の保証付き融資も、プロパーの融資も、返さなければいけない期日が決まっていますが、当座貸越の場合、基本的に返済期日は決まっていません。決められた限度額内であれば、借り手が自由に使ったり返したりすることができます。

金融機関とこうした取引ができるようになれば資金調達もスムーズになります。

独立して1店舗目の出店をするときのお金を貸してくれる銀行は、ほぼ決まっているようなもので、Bさんが調べた日本政策金融公庫で融資を受ける人がほとんどです。まれに信用保証協会の保証付きで融資が受けられる場合もあります。開業を目指すなら、まず、「貸してくれる可能性のある銀行」を知っておく必要があるでしょう。

4 融資の条件にも壁がある

一般的に開業資金の融資が受けやすい日本政策金融公庫でも、融資にはいくつかの条件があります。

自分がその条件に当てはまるかどうかを見誤ると、土壇場になって「お金が借りられない！」という憂き目に遭いかねません。細かい条件まで確認しておくことが大切です。

Case study ④ 融資を受けられる条件をクリアしているかを確認する

AさんとBさんは、飲食業界で働きはじめてともに6年が経ちました。いつか独立開業しようと貯金をはじめ、それぞれ50万円ほどたまっています。

先日、出店したいエリアの不動産屋で理想的な物件を見つけ、独立の時期を早めようか迷っています。

Aさんの場合

Aさんの開きたいお店を実現するには、８００万円ほどの資金が必要です。手元の資金は50万円ですが、ご両親がAさんを応援し、１００万円を貸してもいいと約束してくれました。

そこで、開業資金の不足分は日本政策金融公庫の「新創業融資制度」で融資を受けることにして独立を決め、物件にも10万円の手付金を払いました。

ところが、実際に公庫の審査を受けてみたところ、融資が下りず、Aさんは独立することができませんでした。物件を押さえるために支払った手付金も、Aさんの手元に戻ってきませんでした。

Bさんの場合

Bさんの開きたいお店も実現するには、８００万円ほどの資金が必要です。手元の資金は50万円。思い切って独立を早めようかと迷いましたが、知り合いの会計士に相談してみたところ、日本政策金融公庫の「新創業融資制度」では、創業資金総額の10分の１以上の自己資金がなければ融資が受けられないと教えられました。

そこで今回の物件を諦め、残りの30万円の貯金に力を注ぐことにしたのです。

それから1年後、Bさんのイメージにぴったりの物件が見つかりました。すでに自己資金も80万円を超えていたため、Bさんは融資を受けることができ、手元資金にも余裕をもって開業することができました。

うまくいく人、いかない人
そこには「融資条件の確認」の壁がありました。

独立開業を目指す人にとって物件との出合いはとても重要です。それだけに「これを逃したらもう見つからないかもしれない」という気持ちになり、資金よりも先に物件を押さえてしまう人も少なくありません。

2人が融資を受けようと考えた日本政策金融公庫の「新創業融資制度」には、「現在の企業に継続して6年以上お勤めの方」「創業資金総額の10分の1以上の自己資金が確認できる方」などの要件があります。

AさんもBさんも、同じ飲食店で6年勤務していますので、勤続年数は問題ありませんが、当初の手持ち資金は50万円でしたから10分の1という要件を満たしていませんでした。

Aさんは、ご両親からの応援で100万円借りられることになっているので、合計すれば創業資金総額の10分の1を超えるように見えますが、そのお金は必ずしも融資の審査で自己資金と認めてもらえない可能性があります。

自己資金は、基本的に通帳を見て地道にためていたかどうかで確認されますから、通帳にいきなり多額のお金が入金されていても（親、親族、知人・友人からの借入など）、純粋な自己資金と判断されない場合があるのです。

ちなみに、Aさんが５００万円の創業資金で事業をはじめるのであれば、自己資金が50万円でも融資が受けられたかもしれません。

しかし、わざわざ手付け金を支払ったお店で、そこまで規模を落として開業するほうがよいかどうかは疑問が残るところです。せっかくはじめる自分のお店、一歩一歩確かめながら進めていきましょう。

■図－５　融資条件の確認

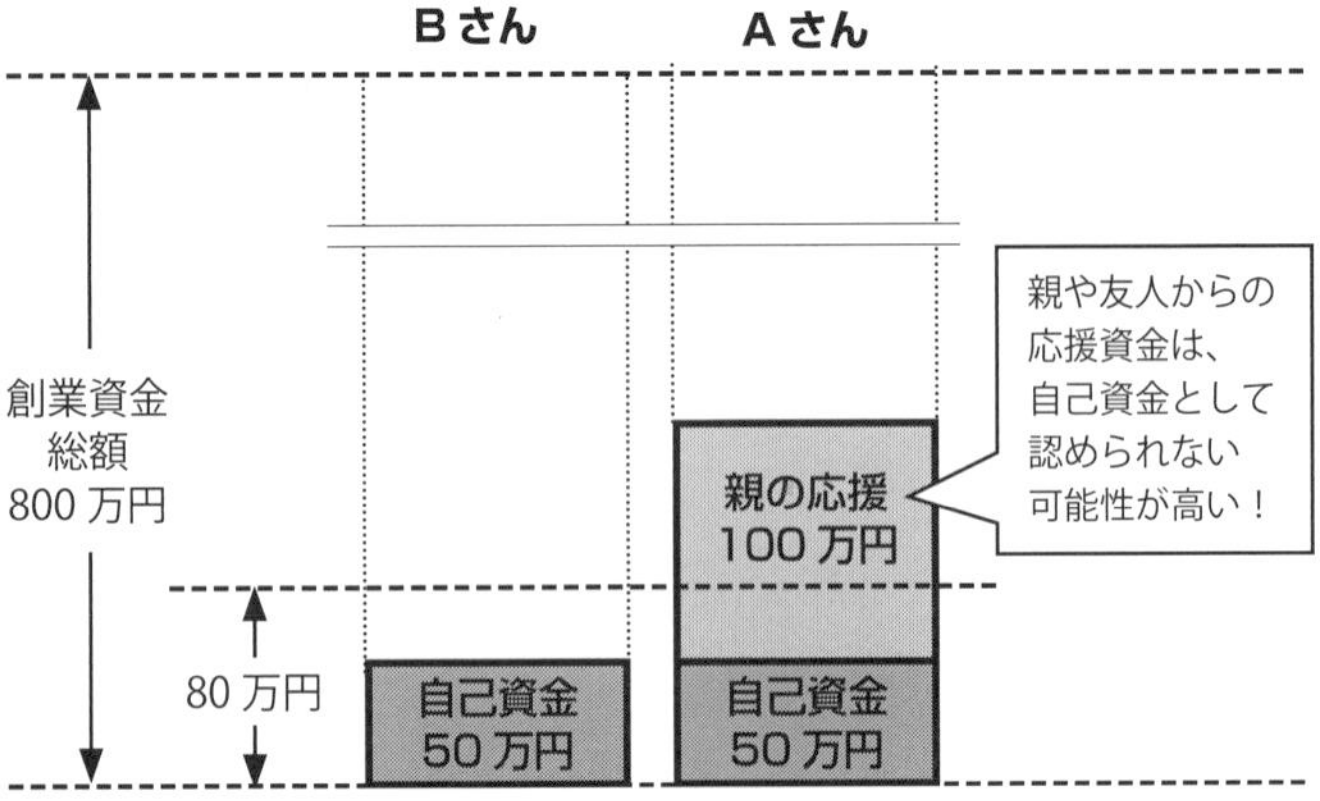

＊2015年7月現在の情報をもとに作成。
融資の条件等は変更になることがあります。

よいと思います。

5 担保や保証人がいると、融資の間口も広がる

　また、融資を申請する前には、「担保」や「保証人」の用意についても検討しておくとよいと思います。

　銀行の融資を受けるときに、「担保」「保証人」という言葉をよく聞きます。「担保」とは、債務者（融資を受けた会社や人）の返済がむずかしくなったときに備えて、債務者から債権者（融資をした銀行など）に差し出されるものをいい、「物的担保」と「人的担保」の2種類に分けられます。「物的担保」には不動産、有価証券や預金など、「人的担保」には保証人や連帯保証人などがあります。

　「新創業融資制度」は、基本的に「担保」や「保証人」がなくても融資が受けられるため、新しく事業をはじめる人や、はじめて間もない人にはとても使いやすい制度といえます。ただし、融資には一定の限度額がありますし、私の経験則ですが、限度額内でも申請

内容によって担保や保証人が必要になる場合もあります。

人によって状況は様々ですが、最初から、「無担保、無保証人で大丈夫」と安易にことを進めてしまうと、希望どおりの融資が受けられなかったときに、その後の対策がむずかしくなります。

反対に、担保や保証人の用意があると、資金調達の間口はもっと広がると思います。最初から資金でつまずくことのないように、「担保」や「保証人」についても考えてみてください。

6 軽はずみな行動はキケン！

また、融資の申請をする前にもう1つお伝えしておきたいのが、「行動は慎重に」ということです。「申請すれば貸してもらえる」と軽い気持ちで申請してしまうと、借りられなかったときの対応がむずかしくなってしまうのです。

Case study ⑤ 申請内容を再チェック

AさんもBさんも、長年飲食業界で働いてきましたが、いよいよ独立開業を決意しました。自己資金だけでは足りないので、日本政策金融公庫で融資を申請しようと考えています。

Aさんの場合

Aさんは、「業界の経験も長いし、簡単に融資してもらえるだろう」と考え、軽い気持ちで申請書類を作り、飛び込みで日本政策金融公庫に融資を申請しました。Aさんは、「あとは融資の返事を待つだけ」と気楽に考えていましたが、公庫からの返事は、「融資できない」というものでした。

慌てて対応策を考えてみても結局融資は受けられず、Aさんは自己資金だけで出店することになりました。当初の予定よりも規模を縮小することとなり、スタートからつまずいた格好になりました。

Bさんの場合

Bさんは、日本政策金融公庫に融資を申請する前に、申請内容をコンサルタントに相談してみました。コンサルタントは書類の内容にいくつかのアドバイスをくれただけでなく、公庫の融資窓口の担当者も紹介してくれました。

Bさんはアドバイスに沿って書類を修正し、また、紹介で訪れたこともあり、相談は順調に進み、融資も無事に受けることができました。

うまくいく人、いかない人
そこには**「申請の見切り発車」の壁**がありました。

独立開業する場合、日本政策金融公庫で融資を受けるのが一般的ですが、一度申し込んで「融資できない」という結果が出てしまうと、その後すぐに対策を練って再度申し込んだとしても、結果が変わることはまずありません。

慣れない書類をつくるときは、おかしな点や間違いが発生しやすいですが、つくった本人は専門家ではないのでなかなか気付かないものです。AさんもBさんのように、申請の内容をしっかり検証するべきでした。

また、融資の申請は飛び込みで行くのではなく、コンサルティング会社、会計士や税理士、知り合いの経営者などの紹介を受けてから訪問するのがお勧めです。

窓口を突然訪れ、よくわからない相手から「お金を貸してくれ」と言われれば、窓口の担当者も身構えてしまうものです。銀行とは長いお付き合いになるのですから、信頼関係をもてるよう、相手を尊重する姿勢を大切にしたいものです。

7 自分に合う融資制度を見つけよう

日本政策金融公庫には、「新創業融資制度」以外にも、新規開業時に利用できる制度があります。公庫のホームページにそれぞれの内容が紹介されていますので、融資を受ける予定がある人は検索してみるといいでしょう。

本書では、融資制度の中からもう1つ、「中小企業経営力強化資金」をご紹介したいと思います。この制度は新事業分野の創出・開拓をしようという人を対象とするもので、新しいことに意欲的にチャレンジしたいという人には、とても有利な融資制度だと思います。「新創業融資制度」のような自己資金の要件がなく、自己資金ゼロでも利用できます。また、2000万円までなら、無担保、無保証人で融資を受けることも可能です。

制度の利用には、事業計画について認定経営革新等支援機関の指導や助言を受けることが前提となっていますが、飲食店の経営に事業計画はとても重要で、しかも専門家のアドバイスを得ながら作成できるわけですから、新規開業で不安な人にはむしろ心強い作業になると思います。

認定経営革新等支援機関には、経験豊富な会計士や税理士、銀行、弁護士などが、国からの認定を受けて活動しています。当社のグループ会社でもある税理士法人ミライト・パートナーズも、この支援機関として認定されています。

次のページに、「新創業融資制度」と「中小企業経営力強化資金」の概要をまとめました。自分にはどのような制度が合っているのか、比較してみるとよいと思います。

■表－１　「新創業融資制度」と「中小企業経営力強化資金」の概要

名称	新創業融資制度	中小企業経営力強化資金
資金の使い道	事業開始時または事業開始後に必要となる事業資金	事業計画の実施のために必要とする設備資金及び運転資金
融資限度額	3000万円 （うち運転資金1500万円）	7200万円 （うち運転資金4800万円）
対象となる人	次の１～３のすべての要件に該当する方 １．創業の要件 新たに事業をはじめる方、または事業開始後税務申告を２期終えていない方 ２．雇用創出、経済活性化、勤務経験または修得技能の要件 次のいずれかに該当する方 （１）雇用の創出を伴う事業をはじめる方 （２）技術やサービス等に工夫を加え多様なニーズに対応する事業をはじめる方 （３）現在お勤めの企業と同じ業種の事業をはじめる方で、次のいずれかに該当する方 （ア）現在の企業に継続して６年以上お勤めの方 （イ）現在の企業と同じ業種に通算して６年以上お勤めの方 （４）大学等で修得した技能等と密接に関連した職種に継続して２年以上お勤めの方で、その職種と密接に関連した業種の事業をはじめる方　など ３．自己資金の要件 事業開始前、または事業開始後で税務申告を終えていない場合は、創業時において創業資金総額の10分の１以上の自己資金（注１）を確認できる方。ただし、以下の要件に該当する場合は、自己資金要件を満たすものとします （１）前２⑶または⑷に該当する方 （２）新商品の開発・生産、新しいサービスの開発・提供等、新規性が認められる方 （ア）技術・ノウハウ等に新規性が見られる方（注２） （イ）経営革新計画の承認、新連携計画、農商工等連携事業計画又は地域産業資源活用事業計画の認定を受けている方 （ウ）新商品・新役務の事業化に向けた研究・開発、試作販売を実施するため、商品の生産や役務の提供に６カ月以上を要し、かつ３事業年度以内に収支の黒字化が見込める方 （３）中小企業の会計に関する指針または基本要領の適用予定の方 （注１）事業に使用される予定のない資金は、本要件における自己資金には含みません。 （注２）一定の要件を満たす必要があります。	次のすべてに当てはまる方 １．経営革新又は異分野の中小企業と連携した新事業分野の開拓等により市場の創出・開拓（新規開業を行う場合を含む。）を行おうとする方 ２．自ら事業計画の策定を行い、中小企業の新たな事業活動の促進に関する法律に定める認定経営革新等支援機関による指導及び助言を受けている方
担保保証人	原則不要 ※原則、無担保無保証人の融資制度であり、代表者個人には責任が及ばないものとなっております。法人のお客さまがご希望される場合は、代表者（注）が連帯保証人となることも可能です。その場合は利率が０．１％低減されます。 （注）実質的な経営者である方や共同経営者である方を含みます。	応相談 ※融資限度額のうち2000万円までは、無担保・無保証人でのご利用が可能です。

※日本政策金融公庫ホームページを参考に作成（平成27年８月現在）

第3章

2店舗目を出せる人、出せない人

1 なぜ多店舗展開を目指すのか?

飲食店経営をはじめて、1店舗目が順調に回りはじめると2店舗、3店舗と店舗を増やしたいと考える人は多いと思います。

店舗を増やす理由は人により様々で、もっとお金を儲けたいという人もいれば、スタッフが店長としてキャリアアップできるように店舗数を増やしたいという人、店長に独立してほしいから任せられるお店を増やしたいという人もいるでしょう。

理由は何にせよ、出店を考えるなら、

なぜ多店舗展開するのか。
なぜ多店舗展開しなければならないのか。
いつまでに、何店舗を展開するのか。

といったことを自分の中で整理しておく必要があります。「なんとなく店舗が増えたらいいかな」といった考え方では店舗はなかなか増えませんし、途中のリスクも高くなると思うのです。

第1章の経営の運転免許でも説明しましたが、やはり、ゴールは明確にもっておくほうがよいのです。

2 経営の「防波堤」という考え方

飲食店オーナーの中には、店舗展開を考えず、1店舗のままでいいという人もいますが、私は、飲食店経営をするなら多店舗展開を検討されたほうがいいと思っています。よく「防波堤を作りましょう」とお話しするのですが、それは、港の防波堤が大きな波の衝撃を和らげるように、たとえば店舗経営にも複数の防波堤を用意しておくほうが安心だと考えるからです。

Case study ⑥ 複数店舗の出店を考える

AさんとBさんは、それぞれ3年前にカフェを開業しました。立地もよく、お店の経営は順調。手元の資金にも余裕ができてきたので、次の展開を考えようとしています。

Aさんの場合

Aさんは、「この店をしっかり守って、家族が食べていかれたらいい」と思っていたので、お店を増やすことは考えませんでした。そこで、手元の資金を使ってお店の内装やインテリアをグレードアップし、こだわりの空間をつくり上げていきました。

それから1年後、Aさんのお店の近くに人気のカフェがオープン。お客様がそちらに流れて、売り上げが落ちてしまいました。手元の資金でカバーするにも限界があり、Aさんは、せっかく開いたお店を続けるべきか閉じるべきかと悩んでいます。

Bさんの場合

Bさんは、カフェをはじめるときから、多店舗展開をしたいと考えていました。そこで銀行に相談し、出店資金の融資を受けて新しく2店舗目をオープンすることにしました。

それから1年後、Bさんのお店の近くに人気のカフェがオープン。お客様がそちらに流れて、売り上げが落ちてしまいました。しかし、新たにオープンした2号店は経営が順調だったため、売上の落ちた店舗の赤字分をカバーしながら、1号店の巻き返し対策を考えることができました。

うまくいく人、いかない人
そこには、**「防波堤を作るかどうか」という壁**がありました。

世の中、何が起こるかわかりません。たとえ今は経営が順調でも、ライバル店が近くに出店したり、火災や自然災害に巻き込まれたり、あるいは、食中毒などの風評被害が発生したり、予期せぬアクシデントでお店の経営状況が変わることも大いにあり得るのです。

そんなとき、別の場所にも店舗があれば、1つの店舗にアクシデントが発生してもカバーできるでしょう。倒産しにくい会社づくりのための心強い防波堤になると思います。

3 多店舗展開は生活の「防波堤」にもなる！

飲食店経営では、お店の経営が個人の生活に直結している人がほとんどだと思います。それは店舗経営がうまくいけば個人の暮らしも潤い、経営がうまくいかないと個人の生活も厳しくなるということ。その意味で多店舗展開は「生活の防波堤」でもあります。

また、店舗経営のゴールと同じように、個人の人生でもどういうゴールを目指すのか、あらかじめ考えておくことはとても大切です。自分の状況を考えながら将来の生活のシミュレーション（ライフプランシミュレーション）してみると、店舗経営をどうしていくべきかが見えてくると思います。

これからご紹介する2つのグラフは、居酒屋を経営するAさんとBさんのライフプランシミュレーションです（図-6、図-7）。それぞれ妻・子ども2人の4人家族。30歳でお店を開業して65歳で引退し、その後は悠々自適な年金生活を送りたいというプランです。

1つだけ違うのは、Aさんは多店舗展開をせず、1店舗を家族で切り盛りしていこうと考え、Bさんは多店舗展開を考えていたという点です。

まず、Aさんのシミュレーションから見てみましょう。

お店の売上から経費などを除いた収入が年間６００万円。経営が順調で、この金額を引退まで維持できたとすると、途中で子どもの教育費などの支出が増えますが、子どもの独立後は安定し、貯金の額も増えました。

しかし、いよいよ65歳で引退し、年金生活をスタートさせると、生活の収支は一気にマイナスになります。足りない部分は貯金を取り崩しながらこれまでどおりの生活を維持し

■図－６　Ａさんのライフプランシミュレーション

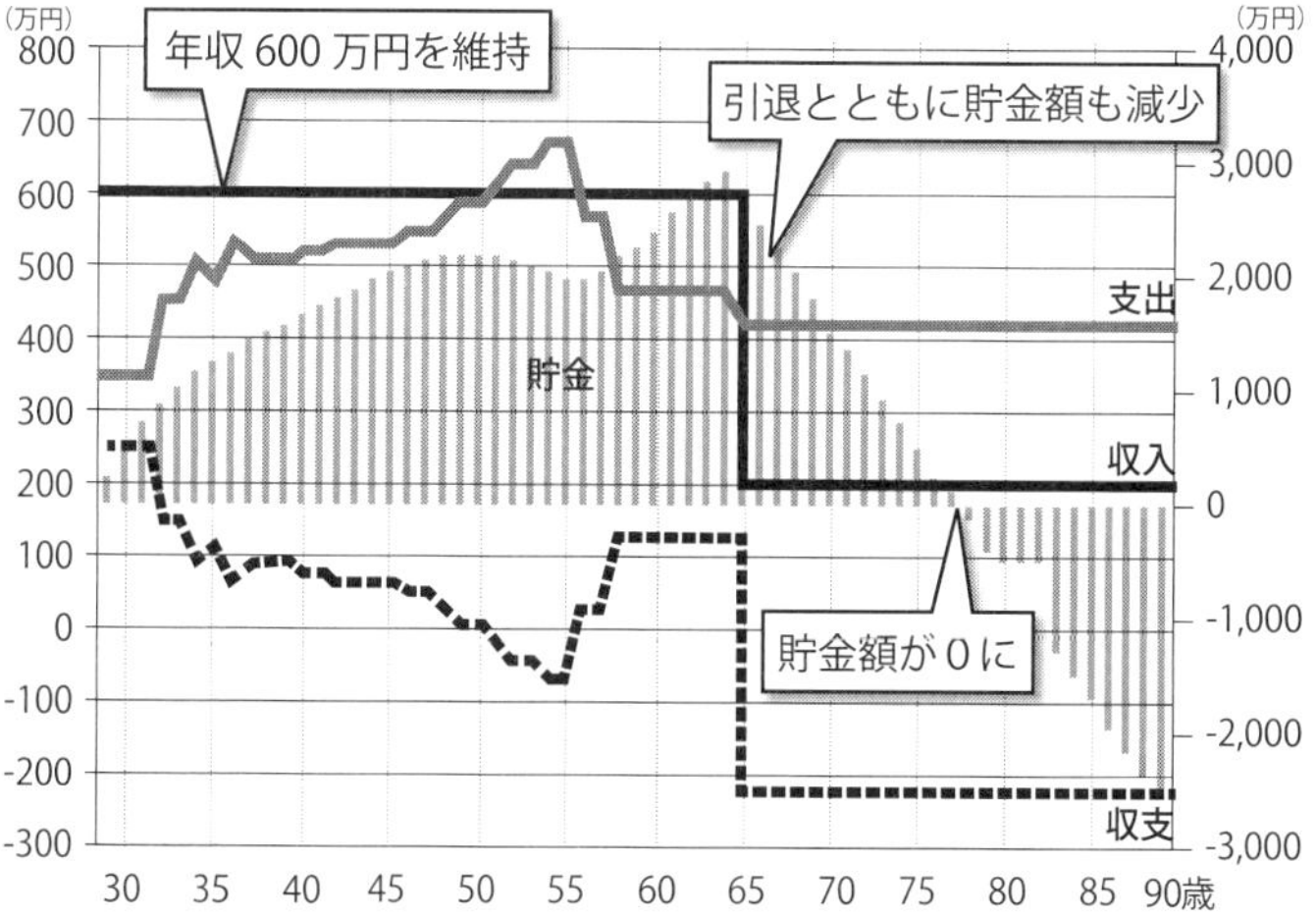

ますが、70代で貯金はとうとうゼロに。生活が立ち行かなくなってしまいます。

しかも、Aさんのお店は1店舗なので、このお店に何かアクシデントがあれば、これほどの貯金もできないでしょう。つまり、余裕をもって生活を維持していくためには、Aさんは65歳をすぎても現役で働かなくてはならない可能性が高いということです。

では、次にBさんのシミュレーションです。

開業当初の収入はAさんと同じ600万円です。ただし、Bさんは翌年から1年に1店舗ずつ店舗を増やしています。

店舗の増加とともに売上も増え、それに伴ってBさんの収入も増えています。そして、50歳で経営しているお店を人に任せてプチ引退しますが、Bさんは自由な時間を手に入れながらも生活を維持し、しかも、本格的に引退する時点でもかなりの貯金額に達しました。これなら90代でも生活の質を落とさずに生活が可能です。

もちろん多店舗展開をすればするほど、事業としてのリスクは高まるという面もありますが、この2人の違いを見れば、店舗展開が生活の防波堤になることを納得していただけると思います。

個人事業主には退職金もありませんし、支給される年金だけでこれまで同様の生活は維持できないでしょう。しかし、1店舗の経営では収入も貯金も増やせる限界があり、複数の店舗を経営するほうが将来の生活資金を確保しやすくなります。

また、多店舗展開をしていれば、どこかのお店でアクシデントがあっても、他のお店でカバーすることができ、倒産のリスクヘッジ

■図－7　Bさんのライフプランシミュレーション

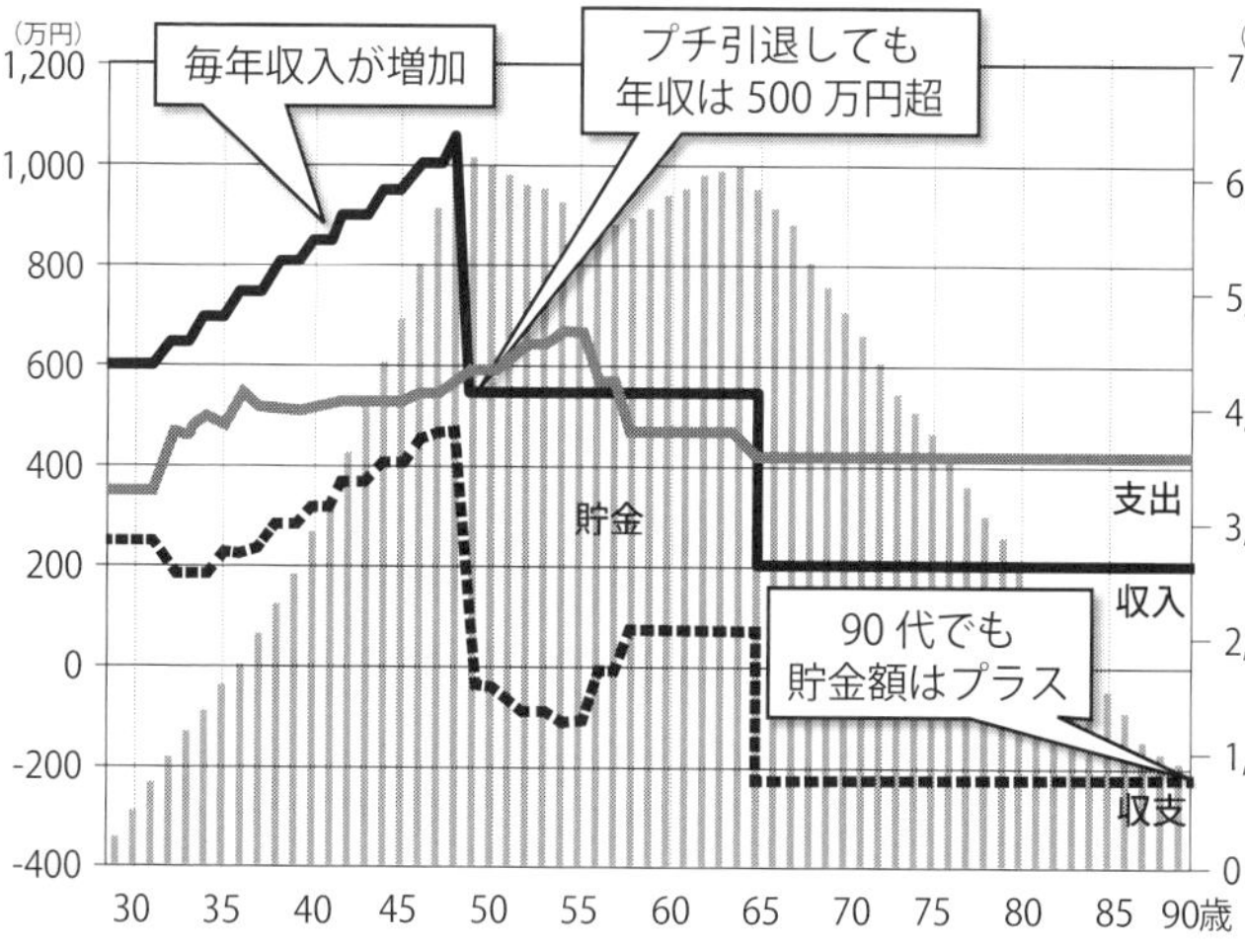

にもなります。
「攻撃は最大の防御なり」です。

ちなみに、公益財団法人生命保険文化センターの平成25年度「生活保障に関する調査」によると、夫婦2人の「ゆとりある老後生活費」の平均金額は、月額35・4万円だそうです。仮に60歳でリタイヤし、85歳まで生きたとして合計金額を計算すると、

35・4万円×12カ月×25年＝1億620万円

あなたのライフプランシミュレーションで、これだけの資金をためることができるでしょうか。生活費の不足分を年金だけでカバーできるでしょうか。
ゆとりある引退生活を送るためにも、早めに将来の展開を考えておく必要があります。

4 どんぶり勘定に多店舗展開の未来はない！

Ｂさんのように複数の店舗をもつことは、経営や生活の防波堤として取り組みたい選択肢の1つではありますが、だからといって「よし、店舗をどんどん増やすぞ！」と意気込みだけではじめてしまうのはとても危険です。

たとえば、こんな居酒屋のオーナーさんもいらっしゃいました。脱サラをしてはじめたお店で、とにかく味にこだわりたいのです。

「お金儲けなんて関心ないね。自分の納得のいく味をお客さんに楽しんでもらえればそれでいい」

「味がよければお客さんはついてくるのだから、やっていけるだろう」

飲食店は現金商売が基本のため、お客様の支払った飲食代が現金で入ってくると、何となく儲かっているような気持ちになってくるものです。

実際、「明日もなんとかなるだろう」と楽観的に考えて、細かいお金の出し入れを気にしないオーナーも少なくありません。


それが、いわゆる「どんぶり勘定」のお店です。


大雑把なお金の出し入れをすることを「どんぶり勘定」といいますが、このような感覚のままでは、店舗数を〝安全に〟増やしていくのはかなりむずかしいでしょう。手元にある現金は、家賃や光熱費、食材費などの支払いや、人件費、あるいは税金などにも使わなければなりません。きちんと管理をせずに使っていたら、経営はいつまでも不安定なままです。

これでは次の出店のための資金を貯めていくこともできないでしょうし、今のお店の経営が危うくなれば、料理の味にこだわることもできなくなってしまうのです。

店舗展開を考えるなら、「カネ」はとても重要です。職人気質のこだわりを、味の探究だけでなく、経営全体に向けられるとベストです。

Case study ⑦ どんぶり勘定で出店を決める

AさんとBさんは、それぞれイタリアンレストランを開業しました。人気店となり、売上も順調に伸びているので、現在のお店よりも規模の大きな2号店を出店しようかと検討しはじめたところです。

Aさんの場合

Aさんは、「せっかくお店を出すなら、もっとたくさんのお客様を収容できるようにしたい」と、1号店よりも規模の大きなお店をつくることにしました。

規模が大きくなれば、その分出店にかかる費用も大きくなりますが、1号店が順調なので、「この分ならお客様も大勢来てくれるし、大丈夫だろう」と、早々に計画を進め2号店をオープンしました。

オープンからたくさんのお客様が来店しましたが、Aさんが期待するような売上には至りませんでした。しかもお店の規模が大きいため、なかなか利益を出せず、規模の小さな

1号店の黒字だけでは2号店の赤字をカバーしきれない状態になってしまいました。
Aさんは、赤字を補填するお金をどこから調達すればよいかと頭を抱えています。

Bさんの場合

Bさんも規模の大きなお店を検討してみたのですが、お店がうまく回らなかったときのシミュレーションをしてみると、負担が大きく、規模の小さな1号店ではカバーしきれなくなると感じました。そのため、1号店と同じ規模のお店を出店することにしました。

1号店の経験から、見込める来客数も売上もある程度は把握でき、数カ月でお店を軌道に乗せることができました。その後の経営も順調なので、新たな店舗の出店も考えはじめています。

> うまくいく人、いかない人
> ここにも、**「勘に頼る」という壁**がありました。

これまでよりも大きな初期投資の必要な出店を、「この分なら大丈夫だろう」と勘に頼って決めてしまったAさん。お店をなかなか黒字化できず、また、規模が大きいために、1号店の黒字だけでは補填しきれない事態になりました。勘頼りで出店を進めるのはとても危険です。

このような事態にならないよう、まず1号店の黒字がある程度あって安定しているかどうか、そして、もしも2号店を失敗したときに、1号店だけでそのリスク（2号店を閉店せざるを得なくなったときの、それまでの赤字分や閉店時の原状回復費用、2号店の借入金返済などの負担など）を負いきれるかどうかを事前にシミュレーションした上で、次の一手を考える必要があります。

5 店舗が軌道に乗るには時間がかかる

出店前から、万が一のことをあれこれと考えるのは楽しいことではないかもしれません。しかし、実はこれがとても重要です。飲食店経営をしている人は、すでに経験されたと思いますが、開業してから経営が軌道に乗るまでには、ある程度の時間がかかるのです。

図-8のデータを見てください。約6割がお店を軌道に乗せるまでに半年超かかっていることがわかります。

開店当初は、話題もありお客さんの数が増えるかもしれませんが、反対に、客足が伸び悩み、予想どおりの売上が上げられないこともあるでしょう。新規出店を考えるなら、営業が安定期にたどり着くまできちんとお店を維持していけるように備えておく必要があります。

■図－８　開業後軌道に乗り始めた時期

～約６割の企業が、軌道に乗せるために半年超かかっている～

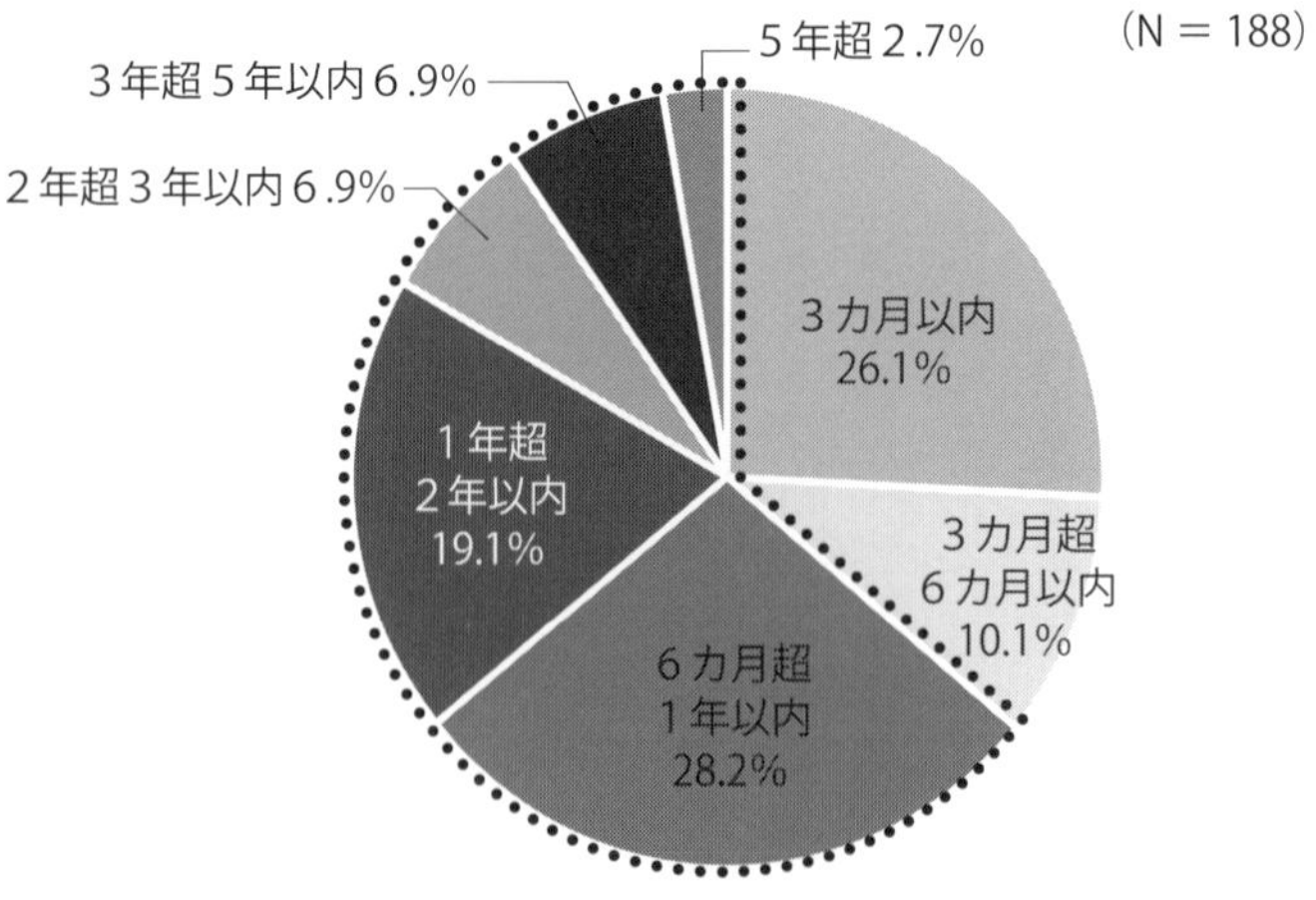

※日本政策金融公庫「生活衛生関係営業の景気動向等調査（2013年4～6月期）特別調査結果」再編・加工

Case study ⑧ ゆとりある資金を準備する

AさんとBさんは、それぞれ洋食店を経営しています。1号店の経営は順調で、3カ月前に銀行から融資を受けて2号店を開業しました。

しかし、当初は店内のオペレーションがうまくいかず、予想どおりの利益に到達することはできませんでした。お店は徐々にうまく回るようになってきましたが、軌道に乗るまでには時間がかかりそうです。

Aさんの場合

2号店の開業には1500万円の費用が必要でしたが、Aさんはできるだけ借入金を減らそうと、手元にあった資金500万円を全額出し、残りの1000万円を銀行から借り入れました。

その後、2号店が軌道に乗るまでの運転資金が必要になりましたが、手元の資金に余裕はありません。仕方なく銀行に追加融資を申し込んでみたところ、融資を受けることができませんでした。Aさんのお店は資金繰りが苦しくなり、開業から半年も経たずに2号店を閉店することになってしまいました。

しかも、閉店後に残った2号店出店時の融資返済にも苦しめられることになったのです。

Bさんの場合

2号店の開業には1500万円の費用が必要でしたが、Bさんは手元にあった資金500万円には手をつけず、出店資金にも少し余裕をもたせようと考えて、2000万円を銀行から借り入れました。

その後、2号店のオペレーションを立て直し、経営が軌道に乗るまでには運転資金が必要になりましたが、もともと余裕をもって借り入れをしていたので、そのお金でカバーすることができ、手元の資金にも手をつけずにすみました。

それからの経営は順調で、Bさんは新たなお店の出店計画を立て、銀行に相談しようと思っています。

うまくいく人、いかない人
そこには、**「ゆとりある資金調達」という壁**がありました。

従業員のシフトやキッチンのオペレーションなど、出店当初は様々なアクシデントが起こることが考えられます。こうしたことで想定通りに売上や利益が上がらなければ、そのマイナス分、最悪の場合は赤字分をカバーするための資金が必要になります。

1号店が順調ならアクシデントの対応もできますが、場合によっては1号店の黒字だけでは足りず、手元の資金を使わなければならない場合もあるでしょう。

Aさんのように、手元資金を2号店の出店に全部つぎ込んでしまうと、万が一のときに自由になるお金が手元にありません。そこで仕方なく銀行に追加融資を申し込むわけですが、残念ながら、その状態では貸してもらえない可能性のほうが高いと思います。

飲食業界は現金商売が基本ですから、お店のお金（運転資金）が足りなくなる状態＝赤字だと見なされてしまいます。誰だって赤字のお店に積極的にお金を貸したくありません。飲食店経営で運転資金を融資してもらうことは相当ハードルが高く、もし借りられるとしても、それなりに厳しい条件になりがちです。

それに比べて出店資金（新規出店時の設備資金）は比較的融資してもらいやすいので、Aさんのような状況にならないために、Bさんのようにリスクも想定した上で出店資金を準備することが大切だと思います。つまり、手元の資金に余裕を持てるように「借りやすいときにできるだけ借りておく」ことが大切です。

6 出店準備は計画的に！

店舗をオープンしてから軌道に乗るまでにおよそ半年。場合によってはそれ以上に時間がかかるかもしれませんが、売上の善し悪しに関わらず、店舗の営業にはお金が必要です。新規出店をする場合には、その店舗がうまく回らなかったときのことも考慮した計画を立てる必要があります。

ほとんどのオーナーは銀行から融資を受けて出店しますから、出店すればお店の状況とは関係なく銀行への返済は発生します。

現在の会社の状況で、出店してよいのか（融資を申請してもいいのか）を、事例の数字を見ながら考えていきましょう。ここでは2店舗目の出店を例にしていますが、3店舗目以降の出店でも非常に大切なことです

①手元資金にゆとりがあること

Aさんは、2号店を銀行の融資で出店しましたが、手元の資金も出店準備で使い果たしてしまい、ほとんど残っていない状態でスタートしました。

2号店は出店1カ月目で90万円の赤字。不足分を1号店の黒字（100万円）で補っても手元に残るのは10万円です。結局、赤字をカバーしきれなくなり、4カ月目に手元の資金不足に陥ってしまいました（表-2）。

2号店の出店資金の全額を銀行が融資してくれるとは限らず、ある程度手元資金を使わざるをえないことも大いにあり得ます。

たとえば、2号店の出店資金として2000万円が必要だけれども、銀行からの融資は1500万円が限界だったので、手元資金の500万円を使って出店した場合を考えてみ

ましょう。この500万円を使ったことで手元資金にまったく余裕がなくなった場合、仮に2号店がうまくいかなければ、表-2のように手元にはカバーできる資金もなくなり、閉店せざるをえなくなってしまいます。

一方、この500万円を使った上でも、手元資金にゆとりがあれば、仮に2号店がうまくいかなかったとしても、ある程度は手元資金でカバーできます。つまり、2号店を出店する前提として、それくらいの手元資金の余裕が必要だということです。

②既存店の収支が安定していること

BさんもAさん同様、手元の資金がほとんどない状態で新店舗をスタートしました。Bさん

■表－2　Aさんのケース

手持ち資金のゆとりがなく、
1号店の収支だけが頼り

（単位：万円）

	1カ月目	2カ月目	3カ月目	4カ月目	5カ月目	6カ月目
1号店の収支	100	90	100	80	80	70
2号店の収支	△90	△90	△90	△100		
手元資金	10	10	20	0		

（手持ちの資金ほぼ0でスタート）

1号店は順調でも、
2号店の赤字分をカバーしたことで
手持ちの資金が貯まらず、資金不足に！

は、「1号店の売上は好調だったので、大丈夫だろう」と考えていたのですが、実際は、月によって売上にムラがあり、収支も一定しない状態だったのです。

開業1カ月目は、2号店が90万円の赤字でも1号店の黒字で補うことができました。しかし、2カ月目の1号店の黒字は50万円しかなく、前月から繰り越した手元資金10万円を合わせても、2号店の赤字を埋めることはできません。1号店の状況に左右されて、2カ月目で資金不足に陥ってしまったのです（表-3）。

2号店の経営が思うように行かなければ、資金繰りは1号店の収支が頼りになります。その1号店の収支が不安定では資金繰りも安定せ

■表－3　Bさんのケース

既存店の収支が
多かったり少なかったりで不安定

（単位：万円）

	1カ月目	2カ月目	3カ月目	4カ月目	5カ月目	6カ月目
1号店の収支	100	50	150	30	0	200
2号店の収支	△90	△90				
手元資金	10	△30				

（手持ちの資金ほぼ0でスタート）

2号店の赤字分を
1号店の黒字でカバーできず、
資金不足に！

ず、先の計画も立てにくくなるので、2号店を出店する前提として、1号店の収支がある程度安定していることが重要です。

③初期投資が大きすぎないこと

　Cさんは、ある程度手元資金にゆとりをもって2号店をスタートしましたが、経営がうまくいきませんでした。手元の資金（200万円）は、1カ月目の2号店の赤字分（200万円）を補うために消えてしまい、以降は1号店の収支でカバーするしか方法がなくなりました。

　しかし、2号店のほうがお店の規模が大きいために、1号店の収支だけでは赤字分をカバーしきれず、スタートから数カ月で資金不足になりました（表－4）。

■表－4　Cさんのケース

2号店の初期投資が大きかったために、
手持ちの資金の目減りも大きい

（単位：万円）

	1カ月目	2カ月目	3カ月目	4カ月目	5カ月目	6カ月目
1号店の収支	100	90	100	80	80	70
2号店の収支	△200	△100	△50	△200	△180	
手元資金	100	90	140	20	△80	

（手持ちの資金200万円でスタート）

店舗の規模が大きいと、
うまくいけば非常に儲かるが、
失敗すれば出費も多いのでダメージも大きい

1号店が順調だと、2号店の規模を大きくしたくなるものです。しかし規模が大きくなればそれだけお店の維持費も大きくなりますし、うまくいかなかった場合のリスクが大きくなります。万が一、2号店がうまくいかなかった場合、規模の小さい1号店の収支だけではカバーしきれない可能性が高くなってしまいます。

新店舗が不調だったときのシミュレーションさえしておけば、このような事態は防げたかもしれません。

④2号店を閉店しても大丈夫なこと

新規出店をする前から閉店したときのことを考えるのはあまり気乗りがしないかもしれませんが、撤退するときは原状回復などで、思わぬ支出があるものです。

Dさんは手元資金にゆとりをもって2号店をスタートさせたものの、経営がうまくいかず、赤字が膨らむ前にと4カ月目で2号店の閉店を決めました。

しかし、表-5の4カ月目を見てください。2号店の赤字分が大きく膨らんでいます。これは通常の経費のほかに、撤退や原状回復などの費用が余計にかかってしまったからです。しかも、閉店しても出店時に借りた融資は返済していかなければなりません。Dさんの場合、5カ月目以降、毎月90万円の返済を1号店だけでカバーしきれないことは明らかです。

この事例のDさんは、2号店の赤字が続き資金繰りに困り、閉店すると同時に銀行に融資の返済を一旦ストップしてもらうことにしました。返済が止まったことで、資金は少しずつ回りはじめましたが、Dさんはこの先しばらくは融資を受けることはできなくなってしまいました。

新規出店を考えるときには、既存店が十分やっていけるだけの資金を除いた「余裕資金」

■表－5　Dさんのケース

閉店を決めても、
撤退費用で出費が増えてしまう

（単位：万円）

	1カ月目	2カ月目	3カ月目	4カ月目	5カ月目	6カ月目
1号店の収支	100	90	100	80	80	70
2号店の収支	△100	△110	△100	△230	△90	△90
手元資金	200	180	180	30	20	0

（手持ちの資金200万円でスタート）

お店を閉店しても、
銀行への返済は続き、
結果資金不足に

がどれだけ確保できるかが重要になります。計画的にお金をため、「カネ」の土台を固めながら進めていきましょう。

7 利益と手元のお金は違う！

では、新規出店を見据え、「余裕資金」をためていくにはどうすればよいのでしょう？

飲食店というのは、お金の面から見れば投資と回収を繰り返すビジネスですから、投資よりも回収が上回れば「儲かった」ということですが、それが逆になれば「損をした」「投資に失敗した」ということです。投資したものが回収できなければ、余裕資金をためるどころか、資金不足で経営は成り立たなくなってしまいます。

まずは、お金の動きをきちんと把握することが重要でしょう。

お金の動きを見る際に、「利益は出ているのに、手元に現金がない」という現象がよく起こります。利益が出ていれば手元にお金が残るはずですが、なぜか残らない。これも飲食店経営のむずかしいところだと思います。

Case study ⑨ 手元に現金を残す

AさんとBさんは、それぞれワインバーを開業することになりました。お酒もお料理もこだわりたい。そんな気持ちで様々な業者を当たり、質のよい酒や食材を提供してくれる業者を見つけて問い合わせをしてみたところ、「現金で仕入れてくれるなら、金額を少しお値引きします」と、先方から申し出がありました。AさんもBさんも、この申し出を受けようかどうしようか迷っています。

Aさんの場合

Aさんは、「値引きしてくれるなら、仕入れのコストを抑えることができるな」と考え、業者の申し出を受けることにしました。

すると、開業からしばらくして、なぜかいつも手元に現金がないと感じるようになりました。Aさんは不思議に思いましたが、「売上は上がっているし、仕入れコストも節約しているのだから、利益は出ているはず。どこかでこの状況も解消するだろう」と、不足分は自分のポケットマネーで補うなどして、そのままお店を続けました。

その後数カ月経っても、Aさんのお店の状況に変化はありません。「このままずっと現金を立て替えないといけないのか」と、Aさんは不安になってきました。

Bさんの場合

Bさんは、「値引きしてくれるのはいいけれど、その度に現金が必要になるよな。それよりも後で支払うほうがお金の用意がしやすいだろう」と、現金仕入れを選ばず、掛け仕入れで翌月末に支払う契約をしました。

仕入れ金額は現金仕入よりも少し高めになりますが、ある程度の売上金が入金したあとの支払いなので現金が不足することはありません。そのため、日々のお店の営業はスムーズに進んでいます。

> うまくいく人、いかない人
> そこには、**「支払い方法」という壁**がありました。

お店の売上は上がっているのにAさんは常にお金の不安に悩まされ、一方のBさんは不安なくスムーズにお店を続けています。この違いは、お店から現金が出ていくタイミングにあります。

たとえば、1500円で販売する品物を1000円で仕入れ、それを現金で支払ったとします。その時点ではまだ売れていないのですから、手元には支払いに使う1000円もなく、どこかからもって来なければいけません。Aさんのお店はこれを繰り返しているわけです。

一方のBさんは、実際に1500円で売れたあとに1000円を支払えばいいので、支払いがスムーズで手元に現金も残ります。つまり、同じお金を扱うのなら、お金の出ていくタイミングは、できるだけ遅いほうがいいのです。金額の安さだけにとらわれず、支払いのタイミングを間違えないように気をつけることが大切です。

また、さらにいえば、仕入れや経費の支払いを終えても、すべての現金が手元に残るわけでもありません。

たとえば、仮に現金売上が１００万円上がって、そこから仕入と経費を現金で支払って、それらを差し引いた利益が20万円あったとします。さらにここから借入金の返済が15万円あったとすると、手元には5万円しか残らないのです。つまり、帳簿上20万円の利益があったとしても、20万円の現金があるわけではないということです。


ほかにもいろいろ原因はありますが、このようにして「利益と手元のお金は違う」という現象が起こるのです。利益はいくらあって、手元のお金がいくらあって、その違いはいくらで、原因は何なのか、を知ることは非常に大切です。

利益が出ていてもお金がなくなれば倒産です。これを「黒字倒産」といいます。

逆に、赤字であってもお金があれば倒産しません。お金の流れ（＝キャッシュ・フロー）を把握しておくことが「カネ」の土台づくりには必須なのです。

8 借入金の返済がダメージになることも

店舗展開をする際、ほとんどの人が銀行から借り入れをします。しかし同じ借り入れでも、その条件は誰もが一緒というわけではありません。あなたのお店の経営状況などによって、返済期間や金利も変わってくるのです。

どのようにすればよい条件で融資が受けられるようになるのかは、この後の章でお話ししていきますが、店舗展開をしていく上では、借入金の返済計画もきちんと考えておくことが重要です。

Case study ⑩ 借り入れ条件を検討する

AさんとBさんは、ともにラーメン店を経営しています。順調に利益も上がっているので2号店の出店を計画しました。必要な資金は1000万円です。

2人は銀行の融資でその資金をまかなおうと考え、窓口で相談してみたところ、自分の予想よりもかなり短い返済期間（7年返済のつもりが3年返済と言われた）なら融資できるという返事がありました。AさんもBさんも、この条件をのんで融資を受けるべきか迷っています。

Aさんの場合

銀行の返事を聞いたAさんは一瞬迷ったものの、1号店が安定している今こそ出店のタイミングだと考え、1000万円の融資を受けて2号店をオープンしました。

2号店もお客様の入りはよく、売上も上がっているのですが数カ月するとお客様は入っているのに、手元の資金が苦しくなってきました。借り入れた1000万円を当初の予定よりも短い期間で返さなくてはならず、そのための支出がお店の運転資金を圧迫しはじめたのです。

結局、Aさんは銀行に返済期限の延長を相談しました。現在、手持ちの資金の不安を抱えながら、銀行の審査の返事を待っているところです。

Bさんの場合

銀行の返事を聞いたBさんは決断に迷い、知り合いの会計士に相談してみました。提示された返済期間で返済をシミュレーションしてみると、現状のままでは毎月の返済がどんどん負担になっていくことがわかりました。そこで、Bさんは無理に出店することをやめ、もう一度計画を見直してみることにしたのです。

それから1年後、出店資金の一部を用意し、今後の事業計画などを詳しく銀行に説明するなどして、1年前よりも良い条件で融資を受けることができました。無理のない返済計画を立てているため、運転資金が不足することもなく、安定した経営を続けています。

> うまくいく人、いかない人
> そこには、**「借り入れ条件」という壁**がありました。

「やりたい」という気持ちが先走ると、つい自分の足もとが見えなくなるものです。私は、こうした見誤りからお店の閉店、会社の倒産につながった経営者もたくさん見てきました。

売上と返済のシミュレーションは、融資を受ける前にできるものですから、本当にこの

返済のシミュレーションをしてみよう

新規出店の内装設備費として800万円を借り入れる場合の返済シミュレーションをしてみましょう。
※わかりやすくするため、利息などは計算に入れていません。

(単位：万円)

	A	B	C
借入額	800	800	800
借入期間	8年	4年	6年
返済額（1年）	100	200	133
稼いだお金	100	100	100
差額	0	▲100	▲33

上記のように、仮に手元に返済用の資金が100万円あったとすると、Aなら無理なく返済できますが、B、Cのような借り入れ期間では、不足分を他から工面しなければなりません。

どのような形なら無理なく返済できるのか、借入額や返済期間などをいくつか想定して返済のシミュレーションをしてみましょう。こうした数字を知っておくと、借り入れ条件の判断などにも役立ちます。

条件で借りてよいのか、返済はできるかを事前に検証するのはとても大切なことです。Aさんも現状をきちんと理解ししっかりシミュレーションしていれば、Bさんのように借りる条件を交渉したり、借り入れする金額そのものを抑えたりという工夫ができたかもしれません。

9 出店に必要な自己資金を用意するには

先ほどお伝えしたとおり、新規出店のためには、「余裕資金」の確保が重要になります。そして、ゆとりある資金をためるには、自分の手元にお金が残るように資金繰りをしていかねばなりません。

なにやら複雑に思われるかもしれませんが、手元にお金を残す方法は、実はとてもシンプル。「入金を多くするか、早くする」「出金を少なくするか、遅くする」という4つの方法しかないのです。

もう少し細かく言うと、

●入金を多くする…売上を増やす、助成金・補助金を獲得する、銀行から融資を受ける。
●入金を早くする…掛け売上をしない、掛け売上を早く回収する、売上を現金決済にする、クレジットカードの入金時期を早める。
●出金を少なくする…節税する、コスト削減する。
●出金を遅くする…短期借入から長期借入にシフトする、掛仕入にする、掛仕入の支払時期を延ばす、在庫を減らす、仕入は〆日が過ぎてから行う、支払日は回収日の後にする、前払い・立替払い・仮払いを減らす、リース取引を活用する。

といった方法で、資金繰りを楽にしていくことができます。

ケーススタディ⑨にも出てきましたが、出金（仕入れや経費の支払い、借り入れの返済など）のタイミングが入金よりも早いと、手元の現金が不足して資金繰りが苦しくなります。ですから入金はできるだけ早く、出金はできるだけ遅いほうがいいわけです。

また、入金を多くするには、売上を増やす、外部から資金調達するといった方法が考えられますが、どちらもすぐに増やすのはむずかしいでしょう。それよりもコストを見直すなど、出金を少なくする方法も併せて検討したほうがいいと思います。

飲食店に限らず、経営は一度はじめたら止まることはありません。もし止まるとすれば、それは倒産のときなのです。そのようなことにならないよう、日々のお金の動きをしっかり見て、よりスムーズな資金繰りの方法を工夫してください。

10 コストを見直そう！

「入金を多く・早く」と口で言うのは簡単でも、実際の経営でこれを実践するのは簡単ではありません。お金は、集めるよりも無駄な出費を抑えるほうが確実です。

当たり前のことのようですが、経営者のみなさんの中には、意外とコストに目を向けていない人が多いのです。

Case study ⑪ 経費を見直してみる

AさんとBさんはともにパスタ店を経営しています。お店の売上は上がっていますが、利益は思うように出ておらず、借入金を返済すると、ほとんど手元にお金が残らない状況でした。そこで、現在の経費を一度見直してみることにしました。

Aさんの場合

Aさんは、改めて経費を見直してみたのですが、「お金のことは苦手だから」と、普段からお金の管理はスタッフ任せにしていたために、どこに問題があるのかを見つけることができません。そこで、「売上を増やすほうがいい」となけなしのお金でチラシを撒いてみましたが、結局、あまり効果は得られませんでした。

売上が上がらず、手元のお金もますますなくなって、Aさんはどう対策をすればよいか頭を抱えています。

Bさんの場合

Bさんは、改めて経費を見直す際に自分だけでは不安だったので、知り合いのコンサルタントに相談してみたところ、「通信費・水道光熱費・家賃・クレジット手数料の見直しができるのでは？」とアドバイスを受けました。早速調べて各業者に交渉したところ、電話代、水道代、家賃、クレジット手数料が下がり、経費を削減することができました。

Bさんは経費削減で捻出したお金で、専門家のアドバイスを受けながら販促活動をおこないました。その結果、お店の来客数が伸び、少しずつ売上も伸びています。

> うまくいく人、いかない人
> そこには、**「コスト管理」という壁**がありました。

たとえば、外部から運転資金を調達しようとすれば、調達できるかどうかは銀行などの判断に左右されてしまいます。それに比べてコスト管理は、基本的には自分たちの判断です。

だからこそ、やろうと思えばいつでもできます。

当社にご相談にこられるオーナーでも、飲食店経営の必須の費用（通信費、水道光熱費、家賃など）の検証を見落としている場合が意外と多いのです。毎月発生する費用ですから、少しずつでも削減できれば「ちりも積もれば大きな山」となります。

ちなみに、あるお店では1万円無駄に経費をかけていると、2万4000円余計に稼がなければ同じ利益を得られないということがわかりました。つまり、毎月1万円のコストを削減できれば、年間で約30万円（2万4000円×12カ月＝28万8000円）の売上を獲得したことと同じことになるのです。

飲食店経営者の中には、「細かい数字は苦手で……」と、自分のお店でありながら、原価や経費を細かく把握できていないという人もたくさんいます。お金の管理を人に丸投げするのは、経営者という役割を放棄しているようなものです。

いつでも起き上がるだるまのような「カネ」の土台を築くためには、お金と真剣に向き合うことが大切です。「なんとかなるだろう」というどんぶり勘定ではなく、お金の動きをしっかり意識していきましょう。

第4章

5店舗以上出せる人、出せない人

【マネジメント編】

1 多店舗展開の前に立ちはだかるマネジメントの壁

　飲食店経営に描く夢は人によって様々です。しかし、やはり飲食店経営で成功したいと思うなら、1店舗よりも2店舗、3店舗、そして5店舗と事業を広げていく攻めの姿勢も必要です。もちろん、店舗を増やすのは将来の経営や生活の防波堤を増やすという守りの側面からもいいことです。

　ただ、店舗数が少ないうちはオーナーの力だけで乗り切れていても、数が増えるとうまくいかなくなることもあります。その意味で、5店舗というのは新たな壁を考える1つの目安になる数字だと思います。

　5店舗以上を出せる人、出せない人。

この命運を分ける要素をひと言で表すなら、「マネジメント」の壁です。

飲食店経営には「ヒト・モノ・カネ」の3つの要素がありますが、その一つひとつにマネジメントの意識をもって当たることが重要になってきます。つまり、「なんとかなる」という〝どんぶり勘定〟ではなく、目標や夢の実現に向けて、マネジメントする仕組みを整えるということです。

たとえば、「ヒト・モノ」についていえば、1店舗ならすべてを自分の目の届く範囲に置けますし、2、3店舗でも何とか管理していくことはできると思います。しかし、5店舗以上となると、「ヒト」も「モノ」も多くなり、経営者一人では把握しきれない規模になってきます。これらをうまく動かしていくためには、マネジメントする仕組みが必要です。

また「ヒト・モノ」と同様に、「カネ」についても、きちんとマネジメントできる目が求められます。

もちろん、独立開業する時点から「カネ」はとても重要な要素ですが、5店舗以上ともなれば、ますます経営者としての自覚をもたなければなりません。

まず、「資金調達力」の強化が目標になります。

店舗の数が増えれば、その分お金も必要になります。しかし、比較的融資を受けやすい信用保証協会の保証付き融資にも限度額があり、それを超える金額を融資してもらおうとすれば、銀行からプロパー融資（銀行が独自に実施する通常の融資）を利用しないとむずかしいでしょう。

たとえば、開業の設備投資に1店舗2０００万円かかるレストランで、信用保証協会の保証限度額が８０００万円の場合、保証協会付きの融資だけでは単純計算で5店舗目以降の資金を確保できないことになります。

しかし、銀行のプロパー融資は、経営の状況や経営者本人の資質などによって条件が変わってきます。この点は後ほど詳しくご紹介しますが、少しでも有利な条件で資金調達をしていくためにも、まず、経営者のみなさん自らがきちんと「カネ」と向き合い、管理できるようになることが大切なのです。

2 店舗を「計数管理」する

店舗数が増え、目が行き届きにくくなった状況をどうマネジメントするか、その1つの方法に「計数管理」があります。ちょっと堅苦しい言葉ですが、計数管理とは、経営者の勘に頼らず、お店の売上や利益などの数字を見ながら経営状況を管理することです。言い換えれば、勘に頼る〝どんぶり勘定〟を卒業しようということです。

Case study ⑫ 「どんぶり勘定」から「計数管理」へ

Aさんの場合

AさんとBさんは、それぞれ3店舗の居酒屋を経営しています。1号店は自らが厨房に立ち、2、3号店にはそれぞれ店長を置いて営業していました。経営が順調なので、さらに4、5号店を出店し、同様にそれぞれ店長を置いて営業をはじめたところです。

Aさんは、4、5号店についてもこれまで同様に自分で売上を見ることにしました。といっても、その日の売上を電話で聞くだけです。新しい2店舗も、これまで同様の売上高だったので、順調だと思っていました。

しかし、しばらくするとなんとなく資金が減ってきているような気がしました。「店舗も増えたし、一時的にこんなこともあるだろう」としばらく様子を見ていましたが、やはり以前よりも資金繰りが大変になっている感覚があります。そこで、各店の売上金の入金状況を確認してみたところ、新たに出店した2店舗のうち5号店の入金額が極端に減っていることがわかりました。

店長に確認しようとお店に連絡すると、ここ数日休んでいるとのこと。Aさんは、ようやく5号店の店長が売上金を横領していたことに気付いたのです。

Bさんの場合

Bさんは、3店舗を経営している時点から、「自分の目が行き届くのは、この規模までだろうな」と感じていました。そこで4、5号店を増やすことを機に、各店舗の売上や仕入れなどを、帳簿の数字でもきちんと管理するようにしたのです。

当初は新しい2店舗も、これまで同様に順調でしたが、しばらくすると5号店の売上が他店よりも下がってきました。しかし、材料費などはこれまでとまったく変わりません。おかしいと感じたBさんが店長を問いただしたところ、一部の伝票を破り捨てて、現金を横領していたことが判明しました。数字の動きで異変に気づくのが早かったため、大きな損害を出さずにすんだのです。

うまくいく人、いかない人
そこには**「計数管理」の壁**がありました。

Aさんは、いわゆる〝どんぶり勘定〟のオーナーのようです。売上も仕入れも大雑把で、帳簿などはおそらく税理士などに任せきりだろうと思います。それでも自分の目の届く範囲であれば、その場の判断でなんとかやってこられたのでしょう。

しかし、店舗が増えると毎日お店に顔を出すこともままならず、お店の従業員のことも、お金の状況も把握し切れなくなってきます。Aさんは、こうした目の届かない隙間ができることをあまり深刻に捉えていなかったのかもしれません。

一方のBさんは、自分の目が届かなくなることを心配して、帳簿の管理をしっかりするようになりました。数字はある意味とても正直です。忙しくてお店に顔を出せなくても、増えた、減ったという変化があればすぐにわかります。Bさんは、お金の流れを数字でつかんだことで、被害を最小限に止めることができたわけです。

5店舗以上の経営を考えるなら、計数管理などを通してお店の状況をマネジメントしていくことが重要だと思います。

3 試算表で数字の感覚を磨こう

お店の状況を計数管理することの大切さはわかったけれど、実際はどのようにして状況を確認すればよいのでしょう。

そのために活用されるのが試算表です。

オーナーのみなさんは年に一度決算書を作成していると思いますが、年間の業績や経営状況などを読み取る決算書に対し、試算表は毎月の業績や経営状況を読み取るために用いられます。

「数字は見てもよくわからないから」と、決算書の作成を税理士に任せ、自分は最後に承認するだけというオーナーもたくさんいますが、それではいつまで経っても「カネ」に強くはなれません。

試算表は月次集計で作成するので、年に一度の決算書よりも目にする機会も多いですし、決算書の数字を見る目を養う練習にもなると思います。

どんな習いごとでも、練習しなければ上達しないもの。数字だって同じです。試算表の見方に慣れてくると、だんだん数字から今の状況が感じ取れるようになってきます。ぜひ関心をもって帳簿や試算表が見られるように取り組んでみてください。

また、少し余談になりますが、帳簿や試算表の数字を見る目を養うだけでなく、ＰＯＳシステムなどを導入するのも不正予防に有効です。

手書きの伝票で注文をとり、会計のときにレジで打ち込むスタイルの場合、伝票をレジに入力せず、お客様からいただいた現金を入金しないという不正が起こりやすくなるものです。その点、ＰＯＳシステムなら注文時点でデータが入力されるため、不正を未然に防ぐことができるようになります。

もちろん、ＰＯＳシステムを導入しても、不正が発生しないような様々な管理をしていくことは大切ですし、こうした「犯罪者をつくらない」職場の環境づくりも経営者の大切な仕事だと思います。

4 アウトソーシングを上手に活用する

お店を「計数管理」でマネジメントする一方で、オーナー自身のマネジメントも考えたいポイントです。１日は24時間。すべての人に平等に与えられた時間です。それをどれだけ有効に活用するか、実はここにも壁はあるのです。

Case study ⑬ 時間を有効に活用する

AさんとBさんは、ともに5店舗を展開する和食店のオーナーとして、忙しい毎日を過ごしています。ある日、駅前に新しくできる商業施設から「フードコートに出店しませんか？」と打診がありました。せっかくのチャンス、2人とも出店を前向きに検討したいと思いましたが、プランをしっかり練るには考える時間も必要です。

Aさんの場合

Aさんは、5店舗のお店の管理を自分だけでおこなっています。思うように売上が上がらなかったときがあり、それ以来、少しでも経費を抑えようと事務作業を営業時間の合間や閉店後の時間を使い処理しているのです。

しかし、もともと事務作業が得意でないAさんにとって、この作業は大きな負担になっていたのです。今回の商業施設出店に向けてアイデアを考えたり、関係者と打ち合わせをしたり、準備に没頭したいのですが、時間の余裕がなく思うように動けません。

そしてある日、あまりの忙しさに過労でダウンしてしまいました。

Bさんの場合

Bさんにも、思うように売上が上がらなくなったときがあったのですが、コンサルタントに相談し、経費の見直しと同時に事務作業のアウトソーシングを提案されて以来、経理作業や給与計算、支払関連の事務処理は外部に任せ、処理結果の報告を受けるようになっていました。

煩雑な作業に当てていた時間を自分の時間として使えるため、今回の商業施設出店についても、十分に企画を練り満足のいく内容にすることができました。

> うまくいく人、いかない人
> そこには**「抱え込み経営」の壁**がありました。

ひと言で事務といっても、経理作業や領収書・請求書の整理、給与計算や給与明細の作成、仕入れや給料の銀行振り込みなど、その内容は多岐にわたります。店舗数も増えれば処理する量も自然と多くなり、それをオーナーが自分でやろうとすると忙しさに拍車がかかるのは避けられません。

「計数管理」などでお店のお金の流れを見て行くのは、とても重要なことだと思います。しかし、数字を管理することと自分で事務処理をすることは同じようでもまったく違うことなのです。

Aさんは、管理と事務処理を一緒に考えていたために、日々煩雑な作業に追われ、結局、体調を崩すところまで追いつめられてしまいました。

一方のBさんは、管理と事務処理を上手に切り離すことで、ビジネスチャンスを活かすことができたのです。つまり自分の時間を有効活用できるようマネジメントしたということです。

事務作業そのものは売上を生まないため、「外注するなんて、経費がもったいない！」と考える人もいますが、仮に自分で処理して5万円を節約できたとしても、その作業に毎日1時間かかれば、時給1600円の仕事をしているようなものです。これから多店舗展開をしていこうとしているときに、経営者がこのような時給の価値しかない仕事をしていてはいけません。

誰でもできる部分はアウトソーシングし、確保した時間を店舗全体の管理や新規出店の商談など、未来につながる投資に当てたほうがより大きな利益を生み出せるでしょう。これも経営者として成長する1つのプロセスだと思います。

ちなみに、アウトソーシングは高くつくと思われがちですが、実際は経費の削減につながることも多くあります。

経理の社員を月給20万円で雇っていた会社から、経理業務をアウトソーシングしたいと相談を受けたことがあります。そのときには、当社で同じ仕事の内容を10万円でお引き受けすることができました。

アウトソーシングすると、経理社員が辞めたときの引き継ぎ問題や人員募集の手間、採用コストも不要になり、経費削減以上のコストメリットも得られます。また、業務のプロの目を通すことで削減できるコストが見つかり、アウトソーシングするコストよりもそこで得られたコスト削減メリットのほうが大きかったということもあります。

アウトソーシングを敬遠する前に、会社経営にとってどの方法が一番有効なのかを検証してみるのもよいのではないかと思います。

5 順番を間違えてはいけない！

この章の最後にもう1つ。多店舗展開を考えるオーナーさんに気をつけていただきたいポイントをお話ししたいと思います。

それは、「順番を間違えない」ことです。

1店舗から、2、3、5店舗と店舗展開の規模が大きくなると、その分扱うお金も大きくなります。銀行から借り入れたお金でも、儲けたお金でも、目の前に現金があると気が大きくなって使いたくなるものです。しかし、そのお金を考えなしに使ってしまうと、会社の状況にも影響することを忘れてはいけません。

Case study ⑭

個人経費の扱いを考える

AさんとBさんは、ともに3店舗のイタリアンレストランを経営しています。売上も順調に上がっているため、さらに新規出店も検討しています。そして、今後の自分を激励する意味で、「自分自身になにかご褒美をあげよう」と考えました。

Aさんの場合

Aさんは、さらに多店舗展開するにあたり、「ここまで頑張ってきたのだから、自分にご褒美をあげよう」と、高級賃貸マンションを会社名義で借り、高級車を社用車としてリースしました。これまでも自分が個人で使ったお金を会社の経費として処理していましたが、創業したときからのくせになっていて、会社でも意見する人はいませんでした。

ところが、Aさんの個人的な出費が増えてくると、会社の利益が目減りし、手元に現金も残らないようになってきました。結局、業績が悪くなって新規出店の計画も諦めることになり、また、資金繰りが苦しくなって高級車を手放すことになったのです。

Bさんの場合

Bさんは、さらに多店舗展開するにあたり、「ここまで頑張ってきたのだから、自分にご褒美をあげよう」と、個人でためていたお金で旅行に行きました。

店舗の経営は順調で、毎日目の前に多額の現金がありますが、会社と個人のお金は別ものとして、毎月の報酬の中でやりくりしていたのです。

その結果、会社には現金の余裕があり、売上も順調だったことで銀行の融資もスムーズに決まり、新しいお店を出す資金も調達できました。

うまくいく人、いかない人
そこには**「公私混同」の壁**がありました。

経営が順調だからといって、個人の経費を会社に負担させていると、徐々に利益も現金も会社に残らなくなり、多店舗展開が苦しくなってきます。

財務状況が悪化したら、銀行からの借り入れもままなりません。こうなると、会社も個人も両方ダメージを受けることになります。

経営者が個人と会社の線引きをしっかり自覚し、純粋に会社を伸ばしていく姿勢が重要です。まずは何とか我慢して、ある一定のラインまで利益をしっかり積み上げていき、財務基盤をしっかり整えることに力を注ぎましょう。

そして、会社の規模が大きくなり、その中でリターンを十分に得られるようになってから、個人としてのメリットを楽しんでください。

この順番を間違えてはいけません。まだ十分に財務基盤が整わないうちに安易にお金を使っていると、大きなケガにつながるかもしれません。多店舗展開の大きな夢を実現していくには、ここで壁にぶつかっている場合ではありません。会社の財務体質を整え、思うように資金調達のできる会社を目指してください。

第5章では、銀行からの資金調達についてお話ししますが、融資を受ける際にも、経営の内容は大きく評価を左右します。どのように評価されるのか、どうすれば評価が上がるのか、詳しくご紹介したいと思います。

第5章

5店舗以上出せる人、出せない人

【銀行の格付け編】

1 資金調達の壁を乗り越えるために

5店舗を超えるお店を経営する規模になると、銀行からのプロパー融資を検討する機会も増えてくると思います。

なぜなら、信用保証協会の保証付き融資には限度があり、2、3店舗の展開であれば限度額内で収まるかもしれませんが、店舗数が増えれば、限度額以上の資金が必要になる人も増えてくるからです。

プロパー融資には信用保証協会のような限度額がなく、また、保証料を支払うこともありません。ただ、その代わり融資の審査は厳しく、経営状況などが良ければ有利な条件で融資を受けられますが、反対に状況が悪ければ、融資が受けられない、あるいは融資が受けられても返済条件や金利の条件が厳しいという場合もあるのです。

では、店舗や経営者の状況を、銀行はどのようなことで判断するのでしょうか。その目安となるのが、これからご紹介する12段階のランキングです。一般に「格付け」と呼ばれているもので、銀行に融資の申請をすると、基本的にはあなたの会社は12のランクのどこかに格付けされることになります。

これからご紹介するのは、当社が作成した銀行の格付けシステムのランキングです。銀行によって多少の違いはありますが、基本的にはこのような内容になっているはずです。なぜ当社がオリジナルで作成しているのかというと、どの銀行も格付けの内容は原則非公開だからです。融資を申し込んだ本人でさえ、基本的には自分の会社がどのランクに格付けされたかを知ることはできません。そこで、融資の行方をシミュレーションするために、銀行の会計監査に携わり、銀行本部とお付き合いした経験を生かしながら、よりリアルな格付けシミュレーションのできるシステムを構築したのです。

格付けは、1から12まであり、1に近いほうが格付けは高く融資の条件が有利になります。これを銀行の立場で言い換えれば、1に近いほうがリスク（貸したお金が返って来ない）は低いということです。

まず、格付け1から6までを見てみましょう（表-6）。

格付け1から3にランキングされれば、それは素晴らしいことですが、中小企業の場合、優良な企業は3に格付けされることはありますが、基本的には3までに格付けされることはほとんどなく、大抵は4から6の間に格付けされます。ここまでにランキングされれば、融資を受けることはできると思います。そして、格付けが高くなるほど融資の条件は基本的にはよくなります。

次に格付け7から12です（表-7）。

こちらにランキングされると、融資を受けるのはかなり厳しい状況です。これまでにお付き合いのある銀行であれば、格付け7でもぎりぎり融資してくれるかもしれませんが、新規でお付き合いをするような場合は、貸してもらえないと思ったほうがいいでしょう。

さらに、格付け8以降では、お付き合いのあった銀行でもほぼ貸してもらえません。銀行から融資を受けて資金調達することは、もはや不可能と考えたほうがいいでしょう。

このことからも、銀行からの融資を考えるなら、格付けを1つでも上げることが大事だ

■表－６　銀行の格付け１～６

格付	リスクの程度	定義
1	実質リスクなし	・財務内容が極めて良好 ・借入金返済の確実性が非常に高い ・安定している **Ex.** 日本を代表するような超優良上場企業、ごく一部の大企業・中堅企業
2	リスク僅少	・財務内容が良好 ・借入金の返済力に十分な余裕がある **Ex.** 優良な上場企業、一部の大企業・中堅企業
3	リスク小	・財務内容、借入金の返済力ともに平均水準以上 ・将来の安定性に不安がない **Ex.** 平均水準を上回る上場企業・大企業・中堅企業・優良な中小企業
4	平均水準に比べて良好	・財務内容が平均水準を若干上回る ・当面の借入金の返済力に問題がない ・将来の安定性にまず不安がない **Ex.** 一般的な上場企業・大企業・中堅企業、ある程度優良な中小企業・個人事業主
5	平均水準	・財務内容が平均水準 ・当面の借入金返済力に問題はない ・将来の安定性に僅かながら不安がある **Ex.** 平均水準を下回る上場企業・大企業、当面問題がない中堅企業・中小企業・個人事業主
6	許容可能レベル	・当面の借入金返済力に問題はない ・外部環境による影響を受けやすく、将来、借入金返済力が低下することが予想される **Ex.** やや問題を抱える上場企業・大企業、平均水準を若干下回る中堅企業・中小企業・個人事業主

■表－7　銀行の格付け7～12

格付		リスクの程度	定義
要注意先			・金利減免、棚上げ（利息のみの支払）を行っているなど、貸出条件に問題がある ・元本返済もしくは利息支払いが事実上延滞しているなどの問題がある ・業況が低調または不安定 ・財務内容に問題がある など、今後の管理に注意を要する
	7	要注意先	・赤字、繰越欠損、債務超過など、財務内容が脆弱、あるいは業況が不安定で、経営上の問題がある
	8	要注意先	・貸出条件、履行状況に問題がある ・実質債務超過の程度が概ね1割を超えるなど深刻な状況にあり、財務の改善に長期間を要する
	9	要管理先	・要注意先に該当する会社のうち、貸出条件を緩和されている、または3カ月以上延滞になっている会社
10		破綻懸念先	・現状、経営破綻の状況にはないが、経営難の状態にあり、経営改善計画の進捗状況が芳しくなく、今後、経営破綻に陥る可能性が大きいと認められる
11		実質破綻先	・法的、形式的な経営破綻の事実は発生していないものの、深刻な経営難の状態にあり、再建に見通しがない等、実質的に経営破綻に陥っている
12		破綻先	・破産、清算、会社整理、会社更生、民事再生、手形交換所の取引停止処分などにより、法的、形式的な経営破綻の事実が発生している

とおわかりいただけると思います。そして、格付けを上げるには経営状況をできるだけよくすることです。その自覚をもって店舗をマネジメントしていくことがオーナーのみなさんには求められているのです。

2 格付けが上がるとどう変わる？

銀行の格付けが1に近いほど、格付けが高くより有利な条件で融資が受けられると説明しましたが、実際どのようなメリットがあるかというと、

・融資が受けやすくなる
・融資額が増える
・金利が下がる
・借入期間が長くなる

借り入れ条件が有利になるのはよいことです。お店の資金繰りは、入金は「多く・早

く」、出金は「少なく・遅く」のほうが楽になりますから、資金を借り入れる場合でも、限度額はできるだけ大きく、また、金利が低く、返済期間は長いほうがいいわけです。

さらに具体例として、A、B、Cという格付けの異なる3つの会社で、それぞれの融資の条件を比較してみましょう（表-8）。

あらかじめお断りしておきますと、表-8中では、店舗数が多いほど格付けが高くなっていますが、店舗数が多い＝格付けが高い、店舗数が少ない＝格付けが低い、とも限らず、店舗数が少なくても格付けが比較的高めの会社もあれば、店舗数が多くても格付けが低い会社もあります。

■表－8　格付けによる融資条件の比較表

	A社	B社	C社
格付	6	5	4
店舗数	3	5	20
融資額	20,000千円	20,000千円	40,000千円
保全	保証協会	プロパー	プロパー
資金使途	設備	設備	運転
期間	5年	5年	7年
金利	1.9%	1.15%	0.65%

A社の格付けは6です。プロパーでなく保証協会の保証付きで銀行から融資を受けていますが、A社よりも格付けの高いB社（格付け5）、C社（格付け4）はプロパーで融資を受けています。

また、同じプロパー融資のB社とC社でも、格付けの高いC社の融資額が大きく、また、返済期間、金利ともに有利な条件になっているのもわかります。しかも、A社とB社は設備資金として借り入れしているのに対し、C社は運転資金として資金を借り入れています。

飲食店の「現金商売」という性質上、設備資金よりも運転資金が借りにくいということは、これまでにお話ししたとおりですから、C社のような借り入れができるのはかなり好条件といえるでしょう。

融資を受けるというと、銀行と自分の会社の問題として考え、融資の条件なども提示されたものがすべてと思いがちです。しかし、格付けの存在を知り、格付けを上げることで、今よりも有利な条件で借り入れすることも不可能ではないのです。

3 格付けが決まる仕組み

さて、銀行の審査で決められる格付けですが、一体何を基準に振り分けられているのでしょうか。

銀行の格付けは、基本的に決算書の内容で振り分けられます。

銀行に融資の申請をするときには、大抵3期分の決算書を一緒に提出しますが、銀行ではこの決算書の数字を格付けする〝システム〟に入力し、みなさんの店舗や会社を分析していきま

銀行の格付けルールはどうやって決まるの？

銀行で融資の審査をする際、判断基準となる12段階の格付け。基本的には決算書をもとに格付けが決められますが、では、その格付け自体はどのようなルールで決められているのでしょうか？

実は、格付けのルールづくりの拠り所になっているものがあるのです。

銀行は金融庁の管轄下にあり、格付けルールなどの基本方針は金融庁が定めています。そのため、銀行によって多少の違いはあるものの、基本的にはどの銀行も同じような格付けルールになっているのです。

格付けルールの基本方針の一部が「金融検査マニュアル」というもので公開されていますので、さらに詳しく知りたい人はぜひWEBで検索してみてください。

具体的な事例もたくさん載っていますから、たとえば自社の経営状況が苦しいという場合にも、似たような事例を探し出し、対策を考えるヒントにできるかもしれません。

す。そして、銀行ごとに評価項目に多少の違いはありますが、最終的におおよそ12段階のランクに振り分けられるのです。

つまり、決算書の内容が格付けに色濃く反映されるということです。経営者のみなさんには、このことをよく肝に銘じておいていただきたいと思います。

4 格付けアップのカギを握るBS

当社は、飲食店に特化したコンサルティング業務をおこなっていますから、多店舗展開を考えるオーナーさんからもよくご相談を受けます。決算書を見せていただく機会も数多くあるのですが、「もったいない作り方だな」と感じる決算書がとても多いのです。

まず知っていただきたいのが、決算書のＢＳ（バランスシート＝貸借対照表）の重要性です。

一般的に、決算書と呼ばれるものには３つあり、それがＢＳ、そして、ＰＬ（プロフィット＆ロスステートメント＝損益計算書）、ＣＳ（キャッシュ・フローステートメン

決算書のPL・BS・CSとは？

決算で用いられる決算書には、主にPL・BS・CSという3つの書類があります。これらについて、簡単にご説明しておきましょう。

・PL（損益計算書）

会社が1年間にどのくらい利益を上げたのかを表わすものです。基本的には、「収益」－「費用」＝「利益」という計算を行い、収益と費用を対比しながら、どれだけ儲けたのかを見ていきます。

・BS（貸借対照表）

会社の財政状態（資産・負債・純資産）がどのようになっているのかを表わすものです。その名前のとおり、書式の右側に調達した資金の内訳（負債・純資産）、左側に調達した資金の使われ方（資産＝どのように運用されているのか）が記載され、左右の合計は必ず同じになっています。

・CS（キャッシュ・フロー計算書）

会社の1年間の現金の流れを表すもので、どのくらい入金して、どのくらい出金したかを見ることができます。店舗経営では、営業・投資・財務という3種類のフローに分けてお金の流れをわかりやすくします。

これらを確認することで、あなたの会社が、

どのように資金調達をして → **（BSの負債・純資産）**
⬇
その資金を何に投資して → **（BSの資産）**
⬇
その資産を使ってどのくらいの利益を上げたか → **（PL）**
⬇
その中でお金の流れはどうなっていたか → **（CS）**

という、経営に関する資金調達から投資・回収まで、1年間の流れを読み取ることができます。

ト＝キャッシュ・フロー計算書）です。３つ合わせて「財務三表」という呼ばれ方をすることもあります。

すでに店舗を経営している人であれば、これらの言葉はご存じだと思いますが、ほとんどの人は、会社の儲けが見えるＰＬの数字ばかりに目が行きがちです。しかし、格付けのシステムの中では、ＰＬよりも決算時の会社の状態を表すＢＳのほうが重要視されているといっても過言ではありません。

その理由を次の表‐９で説明しましょう。これは銀行格付けによく使用される評価項目の例です。銀行によって多少の違いがありますが、この表の内容と大きくは違わないと思います。

評価項目は大きく４つのカテゴリーに分かれていて、それぞれの項目にさらに点数が振り分けられています。銀行でも独自のシステムに決算書の数字を入力し、銀行のもっている業界の標準値などと比較して採点をしていくのです。たとえば、表の一番上にある「自

■表－9　銀行格付けに使用される評価項目

カテゴリー	経営指標	
安全性	自己資本比率	BSの数値から算出するものが多い
	経常収支比率	
	自己資本額	
	ギヤリング比率	
	固定長期適合率	
	流動比率	
返済能力	債務償還年数	
	キャッシュ・フロー額	
	デッドキャパシティレシオ	
	支払利息割引料対売上高比率	PLの数値から算出するものが多い
	インタレスト・カバレッッジ・レシオ	
収益性	売上高経常利益率	
	総資本経常利益率	
	利益推移	
成長性	売上高増加率	
	売上高	
	総資本増加率	
	経常利益増加率	

己資本比率」の配点が仮に10点とすると、入力した決算書の数値が標準値よりも低ければ、採点は2点、3点になるかもしれません。

ポイントは各カテゴリーに振り分けられている点数です。これも銀行によって多少異なりますが、1番配点が高いのは「安全性」、2番目は「返済能力」、3番目は「収益性」、4番目は「成長性」と続いていくことが多いです。そして、「収益性」と「成長性」の配点と比べると、上位2つの「安全性」「返済能力」の配点が非常に高く、この2つがかなり重要視されることが多いのです。

つまり、銀行は、「会社がどれだけ儲けているか（収益性）」「会社がどれだけ成長しているか（成長性）」よりも「会社が倒産せず（安全性）、きちんと借りたお金を返済できるか（返済能力）」という点にウエイトをおいて評価しているわけです。景気がよい時期はまた違ったウエイトになるとは思いますが、現在のように不況の時期は、このようなウエイトになりがちです。ただし、景気や国の施策によって変わっていくことも十分にありえますので、その点は注意が必要です。

BSの数値は、4つのカテゴリーの評価に用いられていますが、なかでも上位2つのカテゴリーに多く使われています。これは、銀行側が会社の体力に注目して評価していることを物語っているのです。つまり、ＰＬばかりに注目しているのではなく、ＢＳを改善していかないと格付けがなかなか高くはならないということです。

5 経営のマラソンはずっと続く！

経営をマラソンに例えながらＰＬとＢＳの説明をしてみましょう。

会社の決算は年に一度。これが経営というマラソンの1年間のゴールです。

そして、ＰＬは完走したタイム、ＢＳは完走したときの体のコンディションに置き換えることができます。

たとえば、42・195kmのコースを通常は4時間で走るランナーが3時間で完走したとします。この3時間というタイムがＰＬの数字で、どれだけ儲かったかです。予想よりもよいタイム（利益）が出たのですから、経営者としてもがんばった甲斐がありましたよね。

しかし一方で、ゴールしたときのランナーの状態はどうでしょう。普段のタイムをはるかに上回る時間で走ったのですから、ありったけの力を振り絞ったに違いありません。完走してヘトヘト。それだけならまだしも、限界を超えて無理しすぎれば、体はボロボロになりケガをして歩けなくなるかもしれません。

このゴール時点のランナーの体の状態を会社に置き換えると、決算時の資産や負債の状況を示したもの＝ＢＳになります。

本当のマラソンであれば、倒れ込んでゴールしても後はゆっくり休めます。でも、経営というマラソンはそういきません。決算日をすぎ

図ー9　経営のマラソンでは、ゴールの翌日が次のスタート！

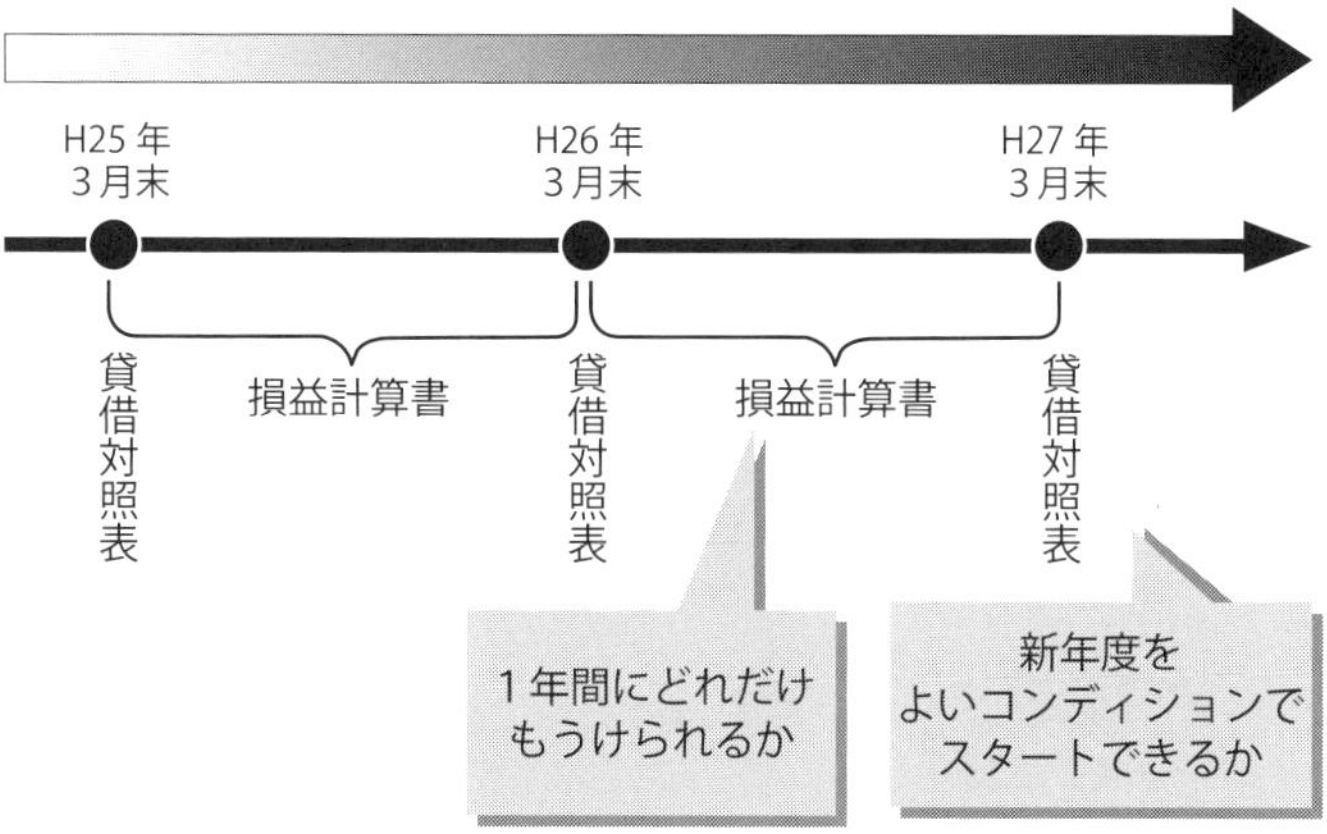

たとたん、新しい年度がはじまるのです。つまり、ゴールした直後が次のマラソンのスタートなわけです。そのスタート時点の体の状態がボロボロなら、次の42・195㎞はどうなってしまうのでしょう？

たとえば無理して利益を出してPLをよく見せたとしても、そのしわ寄せがBSのほうにきてしまいます。今年度のPLがどれほどよくても、BSが不安定なまま次年度に進めば、なにかアクシデントがあったときに乗り越えられないかもしれません。つまり、会社としての「安全性」が揺らぐということです。銀行の格付けでBSに関連する項目が多く見られるのも、こうした会社のコンディションを見ているのです。

6 決算書の「魅せ方」で、評価に差が出る

このように決算書の内容は格付けに大きく影響するものなのですが、その割に、決算書の内容に関心が薄い経営者が世の中にはとても多いようです。たとえば、気付かぬうちに評価の下がるような書き方をしている場合もあります。

Case study ⑮ 決算書の書き方

AさんとBさんは、ともに5店舗の居酒屋を経営しています。近々7店舗まで増やすために、設備資金を銀行から借り入れようと考えており、融資の申請に必要な決算書など関連資料の準備をしています。

Aさんの場合

Aさんのお店は5店舗ともに経営は順調だったので、これまでもお付き合いのある銀行にプロパー融資を相談することにしました。税理士に決算書を揃えてもらって提出したところ、なんとか融資を受けることはできましたが、返済期間や金利の条件は、Aさんの予想よりも厳しいものでした。

その後、7店舗に広げたAさんは、月々の返済が厳しく資金繰りに苦労することになりました。

Bさんの場合

Bさんは銀行に融資を申請する前に「本当にこの決算でいいのかな」と考え、決算書が完成する前にコンサルティング会社に相談しました。そして、格付けのシミュレーションをおこなってみると、Bさんの会社の格付けは6と判定されました。そこで決算書の内容をもう一度見直してみたところ、PL、BSの数字の書き方をもっと見映えよくできることがわかったのです。

問題点を修正した内容でもう一度シミュレーションしてみると、格付けが6から5に上がり、Bさんは自信をもって銀行に融資を申請することができました。その後、無事によい条件で融資を受けることができ、7店舗とも経営は順調です。

うまくいく人、いかない人。
そこには**「決算書の書き方」の壁**がありました。

Aさんのお店も経営は順調なようでしたが、実は決算書の内容をよく把握できていなかったのかもしれません。Bさんのように、事前に決算書を見直していれば、現状の問題点もわかり、もっとよい条件で借り入れできる可能性もあったでしょう。

一方のBさんは、決算書を見直して銀行の格付けを上げることに成功しました。数字の書き方を変えることで、決算書の見映えがよくなったのです。

私はこのような見映えのよい決算書のことを〝魅せる〟決算書と呼んでいます。「決算書の書き方なんてみんな同じ」と思っているかもしれませんが、実はとても重要なのです。

たとえば、あなたの目の前にカルボナーラパスタを盛りつけたお皿が2つ並べて置いてあると想像してみてください。

1つのお皿にはパスタが美しく盛りつけられていて、もう1つは乱暴にただお皿に移しただけだとしたら、あなたはどちらを選ぶでしょうか。

材料は同じ。作り方も、作った人も同じだとすると、盛りつけ方が違っても同じ味がするはずです。でも、美しく盛りつけられているほうがおいしそうに見えませんか？　そちらのほうを食べたいと思いますよね？

銀行に提出する決算書も、このカルボナーラパスタと同様に、実態が同じでもやはり盛り付けがきれいなほうがいいのです。どちらかというと、銀行もそちらを食べたい（＝融資したい）と思うものです。銀行がお金を貸したいと思うような会社は、決算書に記載された数字もやはりきれいだと思います。

言い換えれば、現状はそれほどよい評価ではない決算書も、ちょっと盛り付けを工夫すると、銀行が貸したいと思う決算書に変わるかもしれません。実際、少し手を入れただけで金利が1％くらい下がったという会社もありました。

誤解しないでいただきたいのですが、これは「粉飾しましょう」と言っているわけでは決してありません。あくまで正しい処理を前提に、よりよく、より正しく見せる（魅せる）ほうがいいだろうということです。そして、魅せる方法はたくさんあるということをみなさんに知っていただきたいのです。

Ｂさんのように、決算書のＰＬ、ＢＳの数字を正しく整理しただけで、〝魅せる〟決算書に変わるケースはよく見受けられます。

みなさんもぜひ、決算書を完成させる前に「本当に、この書き方が一番よいのか」を検討してみてください。内容を吟味し、より〝魅せる〟決算書となるような工夫をしていただきたいと思います。

7 格付けは途中で下がることもある

銀行の融資は格付けによってほぼ決まり、そして、格付けは決算書の内容によってほぼ決まります。しかし、今期の決算書がよいからといっても油断はできません。

銀行融資の申請には3期分の決算書を提出しますから、過去の経営状態も融資の行方を左右することになります。新規出店を計画するなら、この点をしっかり頭に入れておかなければなりません

Case study ⑯ 安易なリスケジュールに要注意

AさんとBさんは、ともにレストランを5店舗経営しています。前期は5店舗のうち3号店の売上があまりよくありませんでしたが、今期のがんばりでようやく他店に追いつくことができました。そこで、また新たに1店舗を増やしたいと、銀行に相談してみることにしました。

Aさんの場合

Aさんは、早速付き合いのある銀行に連絡し、融資の相談をすることにしました。3号店の売上がよくなかったときに、負担が軽くなるように返済条件を変更してもらったこともあり、今回も無理を聞いてもらえると思ったからです。

しかし、審査の結果、新たな融資をしてもらうことはできませんでした。「いままで融資をしてくれていたのに、どうして?」と、不思議に思いながらも、出店資金の目処がつかず、次の店舗の出店は見合わせるしかありませんでした。

Bさんの場合

Bさんは、早速付き合いのある銀行に連絡し、融資の相談をすることにしました。前期は3号店の売上がよくありませんでしたが、他の店舗は順調だったため借入金の返済が滞ることはありませんでした。

その店舗の状況も落ち着いて、今回、前向きな姿勢で新たな出店に取り組んでいることを銀行に相談した結果、よい条件で融資してもらうことができました。

うまくいく人、いかない人
そこには**「格付けが下がる」壁**がありました。

Aさんは気付いていなかったようですが、今回の融資の審査でAさんの格付けは間違いなく落ちています。おそらく12のランキング一覧の「要注意先」または「要管理先」として格付け8または9に位置しているでしょう。

なぜなら、融資の相談の前に返済条件の変更をおこなっているからです。返済期間を延長したり元本の支払いを待ってもらったりなど、一度銀行と取り決めた約束を守ることができないと、経営状況に「問題がある」と見なされて格付けが下がってしまいます。
つまり、借りてから当初の条件を変更（リスケジュール）すると格付けが8以下になってしまい、それ以後融資が受けられなくなってしまう（＝自己資金でしか出店できなくなってしまう）可能性が高く、その時点でその後の出店計画を諦めなくてはならないかもしれません。そうならないためにも、借りるとき（多くの場合は出店するとき）に出店計画をしっかり立てて（第3章参照）、「この借入条件で本当にいいのか？」ということを十分に検討してから借入を実行すべきでしょう。

「以前も貸してもらえたのだから今回も大丈夫」などと簡単に考えていると、思わぬ壁にぶつかることがあります。Aさんも、リスケジュールすれば後々どのようなことになるかを知っていれば、また違った結果になっていたことでしょう。

その他にも格付けが下がることがあります。たとえば、銀行はみなさんから提出された決算書をチェックしていますが、その中で、「この資産は価値がない（または低い）」といった評価をされると、結果として格付けを下げられることもあります。

それが事実であればまだしも、それが誤解であれば本当にもったいないことです。そのように誤解を招かないようにすることも非常に大切で、その方法については次の章でお話します。

8 いきすぎた節税が招くもの

自分で思っているほど格付けが上がらない。返済条件の変更もその原因の1つですが、このほかによくあるのが「節税のしすぎ」です。税金の額を抑えるために利益を少なくしていると「この会社は利益が上がっていない」と見なされてしまいます。

儲かっていない会社には誰だって融資はしたくないものです。決算のときに税理士に依頼して決算書を作成する会社は多いですが、今後の経営のことなども相談しながら進めることが大切です。

Case study ⑰ 税金対策を考える

ＡさんとＢさんは、それぞれ５店舗の和食店を経営しています。創意工夫のあるメニューで人気があり、お店の経営は順調でした。しかし、予想以上に利益が出ていたので、なにか税金対策を考える必要があるのではないかと思いはじめています。また、このままいい状態が続けば、今後も店舗を増やしたい気持ちもあります。

Ａさんの場合

Ａさんは決算の前に顧問税理士に状況を相談しました。そして、税理士から「現状のままでは利益がたくさん出ていますから税金もかなり高いですよ」と言われ、「税金をそんなに支払うのは嫌だ」とできるだけ納税額を抑えた決算をおこないました。

しかし、翌年にＡさんが新たにお店を出店しようと銀行に相談をしたところ、思うように融資を受けることができなくなっていました。

Bさんの場合

Bさんは知り合いのコンサルティング会社に相談しました。コンサルティング会社の担当者は「現状のままでは利益がたくさん出ていますから税金もかなり高いですよ」と言いましたが、さらに「とはいえ、極端な節税はおすすめしません。今後も出店される計画があるようですし、バランスよく税金対策をとるほうがいいですね」とBさんにアドバイスしました。Bさんは言われたとおり、節税対策をとりながらも利益もきちんと残し、納税もすませました。

翌年、Bさんが新たにお店を出店しようと銀行に相談したところ、以前よりもよい条件で融資を受けることができました。

うまくいく人、いかない人
そこには**「税金に対する姿勢」**の壁がありました。

税金は、お店の売上から仕入れや経費などを差し引いた利益に対してかかるものなので、利益が多くなればその分納める税金も増えていきます。そこで納税の負担を抑えられるように、さまざまな節税対策をおこなって利益をできるだけ抑えようとするオーナーも多いですし、そのようにアドバイスをする税理士もたくさんいます。

しかし、店舗や会社の経営には、税金対策の視点で考える「税務」だけでなく、資金調達の視点で考える「財務」も必要です。

Aさんのように節税対策にばかり気を取られていると、経営状態がよくないと見なされて格付けが下がり、融資が思うように受けられなくなることもあります。

やみくもに節税対策をするのではなく、Bさんのように「来期に2店舗を出店しようと計画していて、その出店資金の融資を受けたい。そのためには今期の決算でこれくらいの利益を出しておいたほうがいい」というような具合で、適切な利益を上げながら適切な金額の税金を納める。このバランスが店舗経営の基礎づくりには重要だと思います。

9 体裁だけ整えてもウソはバレる!

実は、納める税金を少なくしようと赤字ギリギリの決算をする人に対し、実際は赤字なのに黒字に見せかけ税金を納めようとする人もいます。いわゆる粉飾決算です。あえて「会社が儲かっている」ように見せるにはもちろん理由があります。そのほうが格付けの評価が上がり、融資を受けやすくなるだろうと考えるからです。

会社が黒字に見えるように体裁だけを整えるときに用いられる方法として、「減価償却費」の数字を調整する方法があります。

厨房の設備や内装などを購入した場合、支払った投資額を決められた年数に分割して費用計上していく「減価償却費」は、最初の支払い以降は現金が動かず経費だけが計上されます。これを決算書に書かなければ経費が計上されていないので、その分利益が上がっているように見えるわけです。

このような方法を用いた決算書は、銀行の担当者が見れば残念ながらすぐに見抜かれて

減価償却とは？

減価償却とは、買った時に一度に費用にしないで、毎年少しずつ費用にすることをいいます。

たとえば、800 万円の内装設備を購入しても、その設備は長年にわたって使用するものです。このような場合に、かかった費用を何年間かにわたって費用にしていくわけです。

上記の 800 万円の内装設備を８年間で費用計上するなら、たとえば毎年 100 万円（＝ 800 万円÷８年）ずつ費用としていくという具合です。しかし、実際には購入時に 800 万円を支払っていますので、減価償却費は費用ではあるものの２年目以降は実際の現金は動きません。

こうした数字の処理が決算書の見方をむずかしくする一つの原因かもしれませんが、重要なことなのでぜひ知っておいてください。

◎減価償却の対象となるものは…

有形固定資産（建物、建物附属設備、建築物、機械装置、車両運搬具、工具器具備品など）、無形固定資産（ソフトウェア、営業権、特許権、商標権など）。１年限りで消耗するものではなく、長期間使用するものです。

◎減価償却の対象とならないものは…

土地、10 万円未満のもの。また、中小企業の特例として 30 万円未満のもの（一定の条件あり）。

◎減価償却費の期間は…

何年間かけて費用にしていくかは、そのものの物理的な寿命で決まるものではなく平等に定められており、種類によって耐用年数表というものに示されています。その表に示された年数をもとに、毎年の減価償却費を計算します。

しまい、「正しく減価償却を計上していたら実態は赤字」というように銀行内で処理されてしまいます。

融資を受けられるようにと粉飾するより、まずは経営全体の「カネ」の基盤を立て直すほうが先決でしょう。

また、「赤字だからもう融資は受けられない」と諦めてしまう前に適切な専門家に相談してみるのも1つの方法だと思います。プロの目を通すことで、粉飾決算をしなくても適正な手段で黒字化する方法が見つかるケースも数多くあります。

10 格付けを上げるもう1つの方法

銀行の格付けについて決算書以外のお話をしておきましょう。

銀行の格付けは基本的には決算書がベースですが、評価項目の中には数字で表しにくいものもあります。

たとえば、業界の動向や、その会社や経営者の将来性などは、数字ではなかなか表せません。こうした項目で評価することを「定性評価」といい、この評価を格付け結果に加味してくれる銀行もあります。

では、「定性評価」はどのようにして決まるのでしょう。ひと言でいえば、それは銀行担当者の抱く「イメージ」です。

もしもあなたが銀行の担当者だとして、相談に訪れた経営者から「お金の話は苦手なんです。経理に任せているから」と言われるのと、「5年以内にあと3店舗増やしたいと思っています。こちらの事業計画で説明しますと……」と言われるのでは、どちらに将来性を感じますか?

会社の経営状況や未来のプランで会話が弾むと、「この人は管理能力がありそうだ。この会社なら期待できるかも」とプラス評価をしてくれる可能性は大いにあると思います。

Case study ⑱ どんぶり勘定を卒業する

AさんとBさんは、それぞれ1年半ほど前に居酒屋を開業しました。お店は順調で、これから2店舗、3店舗、5店舗と増やしていきたいと考えています。

次の決算を無事に終えたら、いよいよ出店の準備にかかろうと思い、銀行の窓口で融資の相談をしてみることにしました。

Aさんの場合

Aさんは融資の相談窓口に行ったものの、まだ計画の詳細は決まっていなかったため、きちんと説明ができませんでした。決算の状況についてもいろいろ聞かれましたが、ほとんど税理士に任せていたために答えがしどろもどろになり、融資の話にまで行き着くことができずに帰ることになってしまいました。

Bさんの場合

Bさんは融資の相談に行く前に、しっかり決算書を見直しました。銀行の相談窓口ではこれまでの決算について説明し、銀行からの質問にもきちんと具体的な数字をあげて受け答えしました。また、今後の出店についても計画書を作成し、数字の根拠を示しながら具体的に説明することができました。

その後、何度か銀行に相談に通い、創業から2年経たないうちに、銀行からプロパー融資を受けることができました。

うまくいく人、いかない人
そこには「**決算書が読める・読めない**」の壁がありました。

Bさんのようなケースはとても珍しいと思います。創業して間もない会社が融資を受けるとしたら、日本政策金融公庫か、民間の銀行から借りられたとしても、信用保証協会の保証付きになるのが普通です。銀行からプロパー融資を受けられたのは、Bさんにはよほどの魅力があったのでしょう。その勝因としては、Bさんが決算書を読むことができ、かつ、その説明ができて、しかも今後の計画もしっかりと説明できたことが1つあげられま

決算書の評価を補完する「定性評価」

銀行の決算書による格付けでは見えてこない、形のないものを評価する、それが「定性評価」です。この評価には、決算書による信用力を補完する役割があります。

特に中小企業は、景気変動による影響を受けやすく、経営者の資質等によって、今後の経営実態が大きく左右される可能性が高いと考えられています。そのため、大企業に比べて「定性評価」の重要性も高いといえます。

下の表のように、定性評価の要因は多岐にわたります。銀行担当者との何気ない面談・会話の中で判定されている可能性も大いにありますので、会話の内容などにも気をつけるようにしましょう。

要因	評価項目
業界特性	業界の将来性、業界の動向、景気感応度、市場規模、競合状態　など
経営者	管理能力、誠実性・責任感、健康状態、後継者の有無　など
企業特性	商品・サービスの競争力、商品・サービスのブランドイメージ、業界地位、シェア、営業基盤、従業員の資質・モラル、仕入れ先の多様性、販売先の安定度合、株主　など
個人・企業グループの資力	代表者本人の資産力、保証人・関連会社の資産力、企業グループのサポート度合、系列や親会社のサポートの度合など

す。ポイントとしては、「大雑把な説明」ではなく「数字を使った説明」ができたことでしょう。

お金は、会社という車を走らせるためのガソリン。ハイオク満タンで走行するには、それにふさわしい車、そしてドライバーであることが求められると思います。銀行から「ぜひ応援したい」と評価されるような会社を目指して、経営者としての自分磨きを心掛けていきましょう。

第6章

10店舗以上出せる人、出せない人

1 ゴールを明確に定めよう

私はよく「職人から卒業して経営者になろう」というお話をします。

たとえば、「究極のラーメンのためなら、儲けは度外視」という考え方のオーナーは、職人気質が強いといえます。お客様から喜ばれるために味やサービスを磨いていくことは大切ですが、これだけでは多店舗経営が成り立たないのは誰の目にも明らかです。

また、「ずっと現場に立ち続けたい」というオーナーも、ずっと現場に立っていると、店舗数が増えてきたときにそれらの店舗のマネジメントがむずかしくなっていくかもしれませんよね。もちろん現場目線をなくしてはいけませんが。

本書のはじめからずっとお伝えしていることですが、経営は、「カネ」の土台をしっかり築くことが大切です。「だるま」のようにどっしりと「カネ」に重心を置かなければ、どれほどのこだわりがあってもお店を続けられないのですから。

多店舗展開を考えるあなたは、もう職人ではいられないことを、ここでもう一度お伝えしておきたいと思います。経営者として店舗数が増える仕組み、そして店舗数が増えてもしっかり会社として運営できる仕組みといった「仕組みづくり」が重要な仕事になってくるでしょう。

さて、第2章でも夢を明確に描くことが重要だと書きましたが、店舗展開の規模が大きくなるほどその重要度が増していきます。目指すべきゴールがあやふやでは、進むべき道もはっきりしませんし、ゴール次第で経営に取り組む姿勢にも違いが出るものなのです。

Case study ⑲ ゴールを目指して取り組む

Aさんと Bさんは、それぞれ7店舗の居酒屋を経営しています。経営は順調で手元の資金も余裕があるので、そろそろ新店舗を出そうかと考えています。

そんなとき、出店を検討しているエリアに候補の物件が2カ所見つかりました。どちらも捨て難く、どうすればよいか迷っています。

Aさんの場合

Aさんは、「店舗をできるだけたくさん増やしたい」という思いがありましたが、店舗数などは具体的にイメージしていませんでした。ただ「いい物件があれば出したい」という考えはあったので、Aさんは立て続けに2店舗の出店を決めました。

しかし、2店舗をほぼ同時期に出したことで出店費用が膨らみ、Aさんはたちまち資金繰りが苦しくなってしまいました。手元の資金も少なくなり、現在、銀行に運転資金の融資をしてもらえないかと交渉しているところです。

Bさんの場合

Bさんには、「今後3年間、毎年1店舗ずつ出店し、それ以降は毎年2店舗ずつ出店して、8年後には20店舗にしたい」という目標がありました。そこで、今回見つけた2カ所の物件から無理せず1カ所に絞り込み、出店することにしました。

もともと出店を予定していたため、出店資金を少しずつためており、銀行の融資も利用しながら新店舗を出店。新店舗の立ち上がりは少し不安定でしたが、手元の資金に余裕があったので、無事に乗り越えることができました。

現在は8店舗を順調に経営しながら、来年の出店に向けて着々と準備も進めています。

うまくいく人、いかない人
そこには**「明確なゴール」の壁**がありました。

AさんとBさん、ともに7店舗のお店を順調に経営していましたが、2人が描いている未来の姿には大きな違いがありました。

Aさんの描くゴールはとてもあいまいで、対応も行き当たりばったりです。一方のBさんは、明確に目標を定め、計画的に出店を進めています。

ゴールが明確になれば、到達までのロードマップ（事業計画・資金計画）も具体的に決めていくことができます。同じ多店舗展開でも、「どのくらいの規模」を、「いつまでに」「どのような形で」「何店舗」出店するかはあなた次第。その内容によって直営店だけで展開するのか、あるいは、FC、独立支援、M&A（買収）なのかといったロードマップのどれを選択すればよいかが見えてくるのです。

ドライブの途中で迷わないよう、しっかりとゴールを設定し進むべき道を決めて行きましょう。

また、ゴールを明確にすることは、会社のあるべき姿、進むべき方向を定めるということです。事業を展開していくときの経営者自身の指針になるだけでなく、店舗数が増え、関わる人が増えたときに全体の意思統一をするにも必要になります。こうした経営者の姿勢が、銀行などとのお付き合いでも問われていくと思います。

2 4パターンのロードマップを考えよう

ロードマップは次の4つの順で考えましょう。

①ゴールに向けたロードマップ
②中長期のロードマップ
③短期的なロードマップ
④新規出店の際のロードマップ

①のゴールが明確になれば、それに向けた②の中長期のロードマップが必要になります。直営なのかFCなのか、あるいは独立支援なのかM&Aなのかといったことです。

その中長期的なロードマップを着実に進んでいくには、もう少し短期的な計画を立てる必要があります。ドライブするとき、カーナビは、「何メートル先を左です。次の信号を右方向です」などと、目的地まで行き方を細かく導いてくれます。経営のドライブでは、残念ながら案内してくれる音声はありませんから、ゴールに向けたロードマップは自分で用意することになります。これが③の短期的な「予算」というロードマップです。

さらに短期的なロードマップとして、④の新規出店の際のロードマップ、つまり「出店計画」があります。自分で出店計画を作成しているというオーナーもいると思いますが、ざっくりとした計画を立てている人がほとんどで、次の表-10にあげるような詳しいものを用意している人はほとんどいません。

道筋をきちんと考えておけばスムーズに走行できるし、なによりも不用意に「壁」にぶつかるような事態を未然に避けられます。

また、出店計画を立てるときには、「予想通りの通常パターン」だけでなく、「予想を上回った場合の好調パターン」「予想を下回った場合の不調パターン」の3つのパターンを想定しておくとよいと思います。

実際に厳しい状況に置かれていないと、つい「これくらい平気だろう」と考えてしまうものですが、何かが起きてからでは遅いのです。

そして、出店計画の作成にはさらにポイントが2つあります。

1つ目は、初年度の毎月の計画だけでなく、投資回収までを想定した5年間の計画を作ること。

2つ目は、「損益計画」だけでなく「収支計画」もつくることです。

■表−10　新規出店時のロードマップの要素

- 会社概要（会社の概要や代表者のプロフィールなど）
- 店舗の基本コンセプト（ターゲットや利用シーンの想定、店舗の特徴や強みなど）
- 物件概要（店舗の概要や営業形態など）
- 初期投資計画（出店にかかる初期投資の内容）
- 資金調達計画（出店資金の調達方法、返済方法）
- 売上計画（時間帯別の客単価・客数、売上の想定など）
- 原価計画（時間帯別のフード・ドリンクの原価など）
- 人件費計画及び経費計画（給与や経費の想定）
- 投資計画評価（何年で投資回収できるかの予測）
- 損益計画（初年度の月間計画、5年間の年間計画）
- 収支計画（初年度の月間計画、5年間の年間計画）

その理由は第2章で書いたとおり、利益と収支（キャッシュ・フロー）は異なるので、利益が出ていても収支がマイナスになれば会社は倒産するからです。そのため、損益計画だけでなく収支計画も必要になるのです。

これらのポイントを踏まえ、「通常」「好調」「不調」の３パターンを作成するのは、ちょっと面倒に思うかもしれません。しかし、一般的には当初の予想どおりにいくことのほうが少ないため、たとえば、通常パターンしか想定していなかったために、予想を下回ってしまって資金繰りが苦しくなり、銀行への返済が滞ったり月々の返済金額を下げてもらったりすれば、その時点で銀行の格付けは確実に下がります。銀行の融資が受けられなくなれば、その後のドライブも厳しくなるでしょう。

そうならないために、不調パターンでも収支計画に問題がないような条件で融資してもらえるように交渉することが大切になってきますし、うまく交渉できるように入念なシミュレーションをして、銀行にもそれを根拠資料として提出・説明する必要があります。

このように、できるだけ詳細なロードマップを作成して準備万端でドライブに出発しましょう。

もちろん、このようなロードマップを作成するには時間も労力もノウハウも必要ですから、専門家に協力してもらってもよいと思います。

ただし、作成したロードマップの数字から収支を考え経営判断していくのは、ドライバーであるオーナーの仕事です。会社という車をスムーズに走らせるためにも、数字を読む力を磨いていくことが大切です。

3 ロードマップに沿った資金調達をする

では、実際に新規出店するときの資金調達で考えなくてはならないことをもう少し具体的に考えてみましょう。

たとえば、手元には2000万円の資金があり、次のお店の出店にも2000万円がかかるとします。

みなさんなら、次のどの方法で出店資金を調達しますか？

①手元資金の2000万円を使う
②銀行から2000万円借りる
③1000万円は銀行から借りて、1000万円はリースを組む
④2000万円のリースを組む
⑤業務委託（またはサブリース）で出店する

どれも選択肢としてはあると思います。ただし、①はやめたほうがいいでしょう。これまで何度かお話ししてきたとおり、万が一手元の資金が不足した場合、銀行に「運転資金を貸して」と駆け込んでも貸してはもらえない可能性が高いので、手元のお金はできるだけ使わないでおくほうが安心です。

では、②〜⑤の中ではどれがよいでしょう。リース会社が出店費用2000万円のすべてをリースしてくれることは少ないので、④はここでは選択肢から外します。

現実的なのは②、③、⑤のいずれかですが、この先は目標次第といえます。

コスト面で比較すれば、銀行融資の金利が一番安く、次いでリース、業務委託（またはサブリース）の順で高くなるのが一般的です。それなら、金利の低い銀行で融資を受ければよいということになりますが、銀行の融資にもお店や会社の状況によって与信枠（借りられる限度額）があります。

仮に、あなたの会社の与信枠が4000万円の場合、あなたの描いているゴールまでたどり着けるでしょうか。

たとえば、あなたが「今期はあと2店舗出店すればいい」という目標を立てているのであれば、1店舗2000万円×2店舗＝4000万円で、銀行の与信枠内でまかなえるので②でいいかもしれません。

しかし、もし「3店舗出店したい」と思うなら、銀行の与信枠だけではまかなえないので、③のようにリースとの組み合わせを考える必要があります。さらに「4店舗、5店舗、いや、それ以上のお店を出したい」となれば、リースの限度額も超えてしまい、⑤の業務委託（またはサブリース）を組み合わせなければ目標達成できないことになります。

これも、ゴールを明確に定めることによってそれまでのロードマップが変わってくることの1つの例です。多店舗展開を考えるなら、出店のペース配分もイメージしながら資金調達の方法を考えることが大切です。

4 銀行の融資審査の流れを知る

店舗数を増やしていくには、その分出店のための資金が必要です。そして、その数が多いほど用意する資金の額も大きくなっていきます。

多店舗展開を考えたとき、ここにもう1つの壁が潜んでいます。それは、銀行の融資のしくみです。

Case study ⑳ 融資審査の明暗

AさんとBさんは、それぞれ6店舗のカフェとレストランを経営しています。これまでは、1店舗を増やして、お店の経営が軌道に乗ったところで次の店舗を出店するという方法で増やしてきました。しかし今回、出店にちょうどよい物件が2カ所に見つかり、どちらも捨て難いため一度に2店舗を出店しようと考えています。

Aさんの場合

Aさんはこれまでも、店舗を増やす際に銀行の融資を利用してきました。そこで、「今回も大丈夫だろう」と、これまでどおりに融資の申請をしましたが、銀行から融資を断られてしまいました。

Aさんは2店舗どころか1店舗分の資金も調達できず、今回の出店計画は見送ることになりました。

Bさんの場合

Bさんも、これまで店舗を増やす際に銀行の融資を利用してきました。今回も同様に融資の申請をしようと思いましたが、金額が2店舗分で大きくなるため、融資の前にコンサルティング会社に相談をしてみました。

すると、提出する書類の内容にいくつかの改良点があり、それらを修正した上で申請することができました。その結果、無事に融資を受けることができ、2店舗を同時にオープンさせることができたのです。

うまくいく人、いかない人
そこには**「銀行の融資審査の流れ」**の壁がありました。

Aさんのお店も、Bさんのお店も、1店舗を出店するのに必要な費用は1500万円。これまではどちらも融資が受けられたのに、金額が3000万円に上がったら2人の間には大きな違いが出てしまいました。

その理由として考えられるのが、「融資の決裁をどこがおこなうか」の違いです。

銀行融資の審査は、相談した銀行の窓口からはじまり、徐々に上層部へと上がっていきます。ある程度の金額までは支店長の権限で融資が決まりますが、支店長権限の枠を超えると、最終判断は各支店をまとめる銀行本部に委ねられます。

支店長が決裁できる金額は銀行・支店によってまちまちですが、AさんとBさんが融資を受けた銀行では、今回の融資額が支店長の決裁範囲を越えてしまっていたため本部決裁

■図－10　銀行の融資審査の流れ

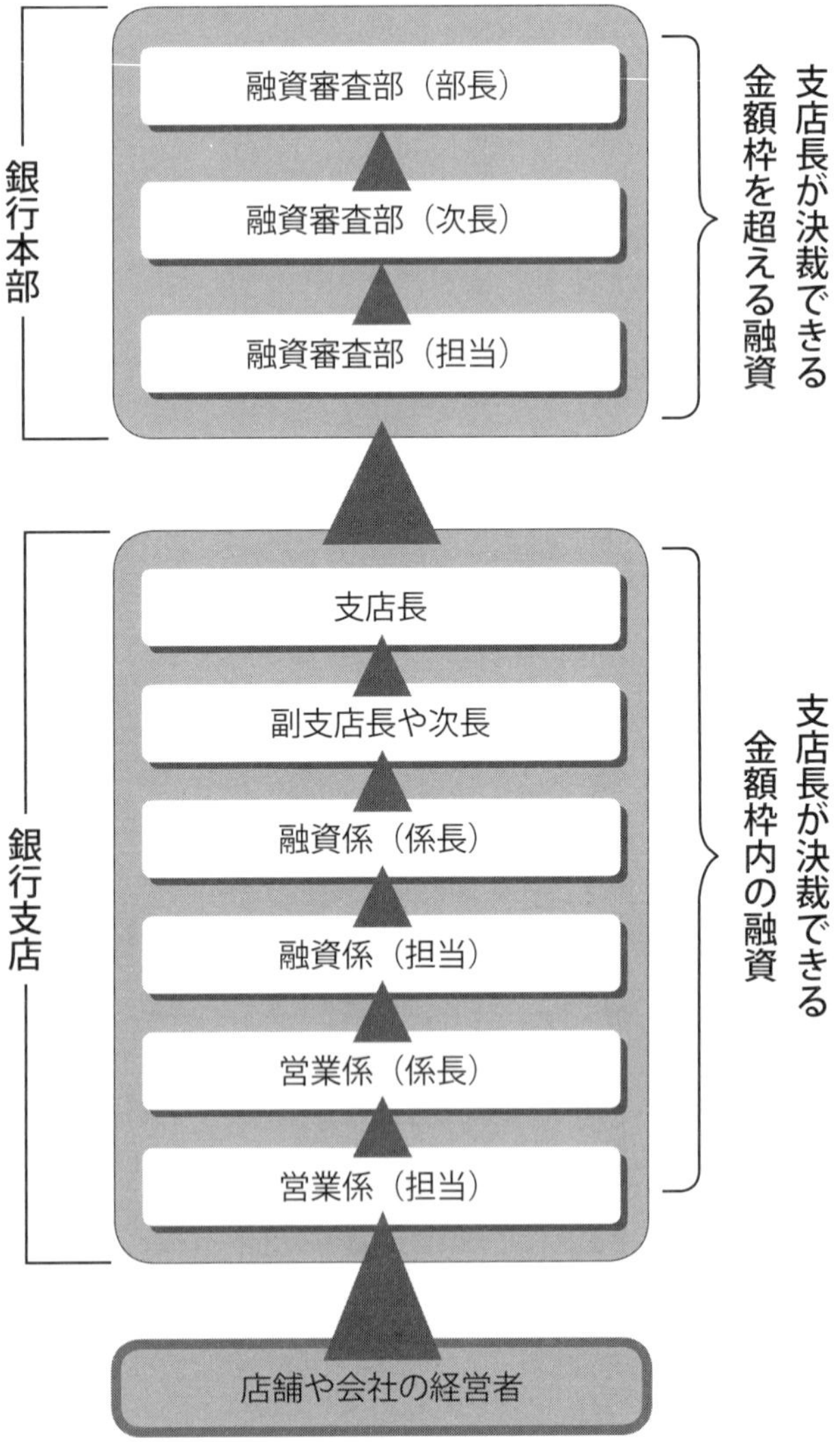

に回ったようです。そして本部が審査した結果、融資の結論に違いが生じたのです（図-10）。

では、その違いはどうして生まれたのでしょうか。

Aさんはこれまでどおりの方法で申請したのに対し、Bさんはコンサルティング会社のアドバイスにしたがって出店計画書の内容を見直していました。

つまり、審査結果の違いは、提出書類の内容の違いによるものだといえるでしょう。第5章で〝魅せる〟決算書の書き方にふれましたが、コンサルティング会社の目を通したことで、Bさんの提出した書類はより魅力的なものになっていたのだと思います。

5 銀行に心のこもった「ラブレター」を送ろう

銀行の支店長決裁と本部決裁で大きく違うのは、本部の人はあなたを知らないということです。いつも行き来のある銀行の支店なら、支店長とも顔を合わせることがあるでしょうが、決裁が本部に回ったからといって、あなたが本部に足を運んだり本部の担当者に会ったりすることはおそらくないはずです。

融資を審査する人は、目の前の稟議書の情報を頼りに融資をするかしないかの審査をするわけです。

先ほどのAさんとBさんの差が生じたのはこの部分です。相手に会って説明ができない分、書類の内容で会社をいかにアピールできるかがカギになるわけです。

私は、このことをよくラブレターにたとえて説明します。

たとえばあなたが大阪にいて、東京にいる女の子に交際を申し込むとしたらどうするでしょうか。電話で話すほど仲良しでもなければ、まずは、自分の思いの丈を文字にして送るのではないかと思います。つまり、ラブレターです。

「あなたが好きです。付き合ってください」と、気持ちをちゃんと伝えなければ女の子は気づかないかもしれません。さらに、しっかり自己アピールができなければ、女の子の気持ちも動かないでしょう。全身全霊をささげてラブレターを書かないといけません。

銀行に提出する書類も同様です。あなたは、一生懸命に書いたラブレター（申請書類）を友達（銀行の支店）に託し、会えないところにいる女の子（銀行本部）に告白（融資の申し入れ）をしているわけです。

銀行に送るラブレターとして、あなたの会社の魅力を最大限にアピールするアイテムが、銀行の稟議書に添付する次の６つの資料です。

・５カ年事業計画書（最低限１カ年の予算書）
・事業説明書（出店計画書）
・決算書・申告書
・最新の試算表
・銀行取引一覧表
・資金繰り表

銀行本部はこれらの資料から、過去の実績や会社の状況、経営者の価値観などを読み取りながら審査します。このプロセスを考えれば、提出する決算書などの内容がいかに重要かおわかりいただけると思います。

出店計画書については、160ページの「4パターンのロードマップ」でご紹介したように、通常時だけでなく、好調時、不調時についても想定しておくのがお勧めです。書類が渡ってしまうと、言葉で補足することはできません。書類を通してオーナーとしての姿勢をアピールできるような書き方をしていただけるといいでしょう。

もしも自分だけで揃えるのが不安なら、コンサルティング会社などに相談するのもよいと思います。

可能であれば、銀行の格付けのシミュレーションなどをおこない、自分たちの評価を客観的に知ることで、融資の申請の前に格付けアップの対策がとれるかもしれません。

6 予算書を戦略的に活用しよう

銀行に融資申請する際に提出する書類の中にもありますが、たとえ融資申請をしなくても、数字の読める経営者となるためにも最低限1カ年の予算書は作成しておくほうがよいと思います。

オーナーの中には、すでにつくっている人もいますが、PL（損益計算書）ベースの予算書はとても役に立つと思います。売上予算だけではなく、売上、原価、人件費、その他経費、そして利益をすべて含むPL予算です。

ただし、ただ予算を書き出すだけでは意味がありません。売上はどうか、経費はどうかと、予算の横に実績を加えながら、予算に対して実績が「良かった」「悪かった」と比較して見ていくことが重要です。

このとき、予算よりも実績が悪いと、「どうしてだろう」と検証する人は多いのですが、予算よりも実績が良かったときに、「なんで良かったの？」と検証する人は少ないようです。しかし、良くても悪くても、自分の立てた予想が外れたという点では同じで、その理由を突き止めないと予算書の精度はいつまで経っても上がりません。

とくに、将来上場を考えている場合は、予算の精度も求められますから、なぜ良かったのか、悪かったのかを分析しながら、地道に磨きをかけていくとよいと思います。そうでなくても、予算精度を高めると将来の出店戦略も立てやすくなりますし、倒産確率もぐっと下がって「夢を叶えるために必要な土台」づくりに役立つはずです。

また、ＰＬの予算だけでなく、ＢＳ（貸借対照表）、ＣＳ（キャッシュ・フロー計算書）の予算も作成することをお勧めします。

通常、ＢＳやＣＳの予算を作成するオーナーはほとんどいませんが、これまでお話ししたように、ＢＳは銀行の格付けの評価にも大きく関わりますし、キャッシュ・フローが回らなくなれば、会社は前に進めなくなってしまうのですから、この２つの予算も合わせてチェックできるようにしたほうがいいでしょう。

予算書を作り実績と比較検討すると、その先の対策を早めに打つことができます。たとえば年度開始からの半年を分析すれば、年度末には会社がどのような状況になっているかを予測しやすくなります。予想よりも多くの利益が出ているときの節税対策にも早めに手が打てるし、利益が少なければ挽回するための集客策やコストの見直しなどで早めに立て直すことができるかもしれません。

ドライブの途中、カーナビで設定した道を外れると、カーナビはリロードして新たな道を案内します。同様に、会社という車をゴールにたどり着かせるためには、事業計画書や予算書で進む道を確認し、必要に応じて軌道修正をおこないながら進んでいくことが重要です。「この道でいいのか」と見直すことで、より効率的で、安全な道を選択できるようになります。

7 銀行とのお付き合いの仕方にもコツがある

さて、口説きたい相手にラブレターを送り、思いが通じたら相手とのお付き合いは終わりでしょうか。いいえ、そんなことはありません。終わりどころか、そこがスタートラインになります。そこで、銀行とのお付き合いの仕方についてお話ししてみたいと思います。

まずは銀行との付き合い方の「基本」について考えてみましょう。

経営が〝ドライブ〟なら、お金は車を走らせるための〝ガソリン〟。その意味で銀行は

〝ガソリンスタンド〟のような存在といえます。

ドライブの途中、ガソリンスタンドはできるだけたくさんあったほうが安心ですし、補給するガソリンもレギュラーよりハイオクがいいです。

実際のガソリンスタンドなら事前にインターネットで調べることもできますが、経営上のガソリンスタンドは自分で見つけていくしかありません。

いざというときに、有利な条件でハイオク（資金）を提供してくれるようなスタンド（銀行）を確保するには普段からのお付き合いも重要になります。

第5章でご紹介した「定性評価」のように、業界特性や経営者の能力などの目に見えない要素も、融資の審査に加味されることがあります。銀行から必要なときに融資を受けられるようにするためにも、また、できるだけ有利な融資条件を引き出すためにも、定期的に銀行の担当者に会社の状況などを説明し、コミュニケーションを重ねる中で信頼関係を築いていきましょう。

もちろん、銀行に説明ができるということは、会社の状況を「数字」で把握できていて、決算書の数字もちゃんと読めているということ。「この会社なら大丈夫だ」「この経営者にならら貸したい」と思ってもらえるかどうかは、経営者であるあなたの取り組み次第なのです。

たとえば数カ月に一度くらいの割合で、銀行の担当者に毎月の業績結果である試算表を渡し、現状報告や今後の予定などを説明するのはとてもよい方法だと思います。また、年に一度の決算時には銀行に決算書を持参し、できるだけ支店長に直接説明する機会を得られるようにするとよいでしょう。

忙しい支店長と会うのは少しハードルが高いかもしれませんが、それでも時間を割いてもらえるような存在になれることを目指してください。

銀行とよいお付き合いができるようになれば、仮に一時的に会社が赤字になったとしても融資を受けることができるかもしれません。これは会社にとってとても心強いことだと思います。

8 ラブレターの届け方にもコツがある

重要なのが、決算報告のしかたです。口説いた相手と同様に、銀行と会社もずっと続いていくものです。途中で振られてしまわないよう、継続した関係づくりは欠かせません。

定期的にラブレター（決算書など）を用意し、相手の都合のよい場所（銀行の窓口）に行き、相手好みの話題（決算書の内容や財務状況、今後の展望など）を用意して会話を盛り上げるなど、親しいお付き合いを続ける努力が必要です。

具体的に例をあげるなら、年に一度の決算はきちんと報告しておいたほうがいいと思います。通常、決算が終われば、銀行の担当者はその結果を稟議書という形で上司に報告します。場合によっては、その稟議書が本部にも回っていきます。まずは、この決算報告書などをきちんと届けましょう。

届け方にはいくつか選択肢はありますが、決算書を郵送するだけという届け方ではなく、やはり銀行まで足を運んで説明することをお勧めします。

さらにいえば、伝えたいことは決算分析報告書として書面にしておくと便利です。たとえば、「一時的に利益は落ちたけれど、理由は明白ですでに解決している」などという状況も、説明を聞いた担当者は内容を理解してくれますが、そのことを上司にうまく報告してくれるかどうかはわかりません。また伝えてもらえたとしても、担当者のメモの内容に頼るしかなく、手間をかけさせるばかりか内容がきちんと伝わらない可能性もあります。

それならば、こちらから稟議書にそのまま添付して使える決算の説明書（決算分析報告書）を持参するほうが親切だし、確実です。

たとえば、「当期の決算では、8店舗目の出店に際して、出店当初数カ月間はオペレーションを試行錯誤する中で人件費がかさんでしまい、結果として年間を通した全社の実績は、昨年に比べ人件費の割合が増加し営業利益率が下がる結果となりました。

しかし、現在においては8店舗目のオペレーションも落ち着き、直近の試算表も示す通り人件費も適正な範囲内に収まっているため問題ありません」というように、書面に詳しく書いて渡すとよいと思います。

さらにこのときに、来年度の方針や予測について具体的な資料と数字で説明できれば「なお良し」です（図-11）。

■図−11　誤解を防ぐ決算報告をする

決算書の届け方には、下記のようにいくつかの方法があります。郵送で届ければ手間はかかりませんが、細かい状況説明などはなかなか伝えにくいものです。

銀行との信頼関係を築いていくなら、やはり郵送よりも自分で行って説明をする。しかも、説明の内容をきちんと書面にして添付するくらいの配慮ができるとよいと思います。

たとえばこんな状況を伝えるなら…

新規出店店舗のオープン数カ月間はシフトに失敗して人件費がかさんだけれども、その後は落ち着いて決算時点では適正な人件費に収まっている。

	メリット	デメリット
郵送	安上がりで、手間も時間もかからない。	決算書の数字では人件費が高くなったことしか読み取れず、人件費のかさんだ原因が伝わらない。
銀行で口頭説明	それほど手間はかからない。	銀行担当者が口頭説明どおりに稟議書に書くとは限らない。誤解、理解不足で上司や本部にうまく伝わらない可能性がある。また、担当者に手間をかけさせてしまう。
銀行に決算分析報告書を持参	人件費がかさんだ原因や決算時点では解決済みであることなど、こちらの伝えたいことが伝わりやすい。 かつ、銀行担当者も自分で決算分析しなくてすむので助かる。	書面の作成に手間とコストがかかる。

「決算分析報告書」には決算の内容をまとめて記載するほか、事業内容の説明や差別化・強みのポイントなども記載し、自社をアピールします。

具体的にイメージがしやすいよう、写真などを組み合わせてもよいでしょう。

9 複数の銀行と付き合おう

さらに、銀行とのお付き合いは、1行だけでなく2行、3行と増やしていくほうがいいと思います。お付き合いする銀行の数が増えれば、必要な資金を分散して調達することができるようになります。たとえば5000万円を借り入れするときでも、1行で5000万円を借りるよりは、極論ですが500万円を10社で借りるほうが借りやすくなるかもしれません。

また、ある銀行に融資を断られたとしても他にお付き合いしている銀行があれば、その銀行に融資申し込みをすることも可能ですので選択肢が広がりリスクヘッジできます。

しかも、銀行同士は横並びの意識が強く、どこかの銀行がよい条件を提示すれば他行もそれにならったりします。「○○銀行さんからはこういう条件を提示してもらいましたが、□□銀行さんはいかがですか?」という交渉もしやすくなります。

逆に、メイン銀行が貸し渋るようになれば、それ以外の銀行も貸し渋るようになることもありますので注意が必要です。

このほか、複数の銀行とお付き合いするメリットは様々あります（表-11）。チェーン展開している飲食店ともなれば、15や20の銀行とお付き合いするのも珍しくありません。

最初からたくさんの銀行と付き合う必要はないでしょうが、多店舗展開を考えるなら、お付き合いする銀行の数を徐々に増やすことも考えておくといいでしょう。

また、あなたの会社のビジョンによって、メイン銀行の選び方も変わってきます。「今は5店舗だけれど、5年後には10店舗に増やしたい」「数店舗を同時にオープンさせて、将来的には20店舗まで増やそう」など、ゴールをイメージしたときに親身になって力を貸してくれる銀行はどこなのか。その規模になってもしっかりメインとして支援

■表−11　複数の銀行とつきあうメリット

・銀行同士を競わせることによって、いい条件を引き出しやすくなる。
・ピンチになったときの保険（貸してくれる可能性のある銀行）がたくさんあるほうがいい。
・より多くの融資を受けることができる。
・いろいろな情報を得ることができる。

してくれる銀行はどこなのか。目先だけにとらわれずに選ぶことが大切です。

銀行によっても融資姿勢は違っていますので、各銀行の特徴を知った上でお付き合いする銀行を選ぶことも大切です。

銀行とのお付き合いは長期になりますし、信頼関係も一朝一夕には築けません。少しずつ準備していくといいでしょう。

10 決算の時期は変えられる

経営者はとかく忙しいものです。でも、銀行とのお付き合いを考えれば、忙しさを理由に放っておいてよいわけはありません。そこでポイントになるのが、決算の時期です。お店の忙しい時期と決算の時期が重なると、どこかに無理が出てくるかもしれません。ご自身の仕事をどのタイミングで何に振り分けるのか。そこにもマネジメントの力が求められるところでしょう。

Case study ㉑

決算の時期を考える

AさんとBさんは、それぞれ5店舗の居酒屋を経営しています。ともに個人事業主で独立開業し、その後法人化して3年目を迎えました。その延長で毎年12月決算としていますが、忘年会の多いこの時期はそうでなくても忙しく、決算の準備が思うように進みません。なにかよい方法がないかと悩んでいます。

Aさんの場合

Aさんには、「決算といえば12月」という思い込みがありました。お店は忙しいけれども決算期は変えられないと考え、2月末の申告期限になんとか間に合わせようと必死で経理作業をこなしていきました。

しかし、その結果、決算書が出来上がるのが期限ギリギリになってしまい、十分に内容や見せ方（魅せ方）を検討できず、また予想外の税金を支払わなくてはならなくなり、後から「こうしておけばよかった」と後悔しました。

Bさんの場合

Bさんには、「決算といえば12月」という思い込みがあり、このままでは間に合わないとコンサルタントに相談をしてみました。そして、決算時期は必ずしも12月でなくてもよく、決算期の変更はそれほどむずかしくないことを知ったのです。

そこで、決算時期を6月に変更したのです。すると、これまでの作業負担を軽くすることができただけでなく、早めに決算書が出来上がり内容や見せ方を検討することができて、しかも納税資金の準備にも余裕もって対応できました。

うまくいく人、いかない人
そこには**「決算の時期」の壁**がありました。

年度末ということで、「決算は12月でなければ」と思っている方もいますが、実は12月以外でも設定できるのです。特別な理由がなければ、無理にお店の忙しい時期と決算期を重ねる必要はないでしょう。

また、忙しい時期と決算を重ねてしまうともう1つデメリットがあります。

12月の忙しい時期は飲食店にとっては稼ぎ時で、思った以上に利益が出ることもあります。決算が仮に6月なら、12月、3月、4月あたりで思った以上に出てしまった利益を、5~6月の2カ月にわたって節税対策などで調整することができますが、12月決算ではこれがむずかしく、目標としていた利益よりも多額の利益が出た状態で決算を迎えることになりかねません。

つまり、決算予測がむずかしくなって、節税対策をする時間的余裕がなく、その結果、予想外の税金を支払わなくてはならなくなってしまうこともあるのです。

お店の状況を見ながら決算期を変えれば、決算準備にも落ち着いて取り組むことができます。また、銀行への説明も余裕をもっておこなうことができるでしょう。

11 運転資金を借りられるようになろう

ここまでご紹介してきたように、運転資金は借りにくいものなのですが、これを借りられるようになると資金調達面でも新規出店面でも有利になります。

新規出店時に設備資金の融資を受ける場合は、物件を申し込み、工事費用などの様々な見積りを準備し、その上で融資を申し込まなければなりません。しかも、面倒な手続きをした挙げ句、融資が受けられないということもあるので、そうなった時、すでに物件の契約をしてしまっていれば非常に困ったことになってしまいます。

運転資金には設備資金のように使い道が限定されていないため、物件の契約書や工事の見積書も不要で、しかも前もって借り入れておくことができます。手元に資金があるといい物件が見つかればいつでも契約できるわけです。

借りにくい運転資金も、絶対に借りられないものではありません。どうすれば借りられるかといえば、あなたの会社が「銀行がお金を貸したくなる」会社になればいいのです。

その判断に用いられるのが、すでに説明したとおり「格付け」です。できるだけランキングを上げて銀行が魅力を感じる存在になれるよう、会社に磨きをかけていきましょう。

返済できる限界を計算してみよう

余裕ある資金調達は大切ですが、融資を受けた資金は、きちんと返済していかなければなりません。将来の出店プランを考えるときには、自分の会社の返済可能な額を把握した上で進めることが大切です。

下記の例題で練習してみましょう。

問題：運転資金を新しく借りようとしています。前期のPLは次のとおりです。返済できる限界はいくらでしょうか？

（単位：万円）　※すでに借りている長期借入金の返済額は80とします。

売上高	1000	
売上原価	300	
販管費	600	（うち、減価償却費30）
営業利益	100	
経常利益	100	
税引前利益	100	
法人税等	30	
税引後利益	70	

上記のうち、おおよそ税引後利益70万円と減価償却費30万円を足したものが手元に残る現金になります。

70万円＋30万円＝100万円←稼いだ現金

ただし、すでに80万円の借入金返済があるので、追加融資を受けた場合に返済可能な金額は、

100万円－80万円＝20万円←返済できる限界

では、400万円の融資を受けた場合、この会社は何年で返済すればよいでしょうか？

借入額400万円÷返済期間5年＝80万円←返済しきれない

借入額400万円÷返済期間20年＝20万円←返済できる

つまり、400万円の追加借り入れをするなら、返済期間は20年でないと返せないことになります。しかし、この年数は現実的に不可能ですよね。

銀行から提示された条件がそれより短い返済期間なら、無理をせず、借入額を抑えるなどの対応が必要でしょう。

融資にも種類がある②

ひとくちに融資といっても、実は様々な種類があります。どのような使い方があるのか、融資を受ける際のポイントでも併せてご紹介していきましょう。

①経常運転資金

飲食店などで、食材等の仕入れなどの費用を、実際に現金が回収できるまで立て替えておくための資金です。クレジット売上の比率が高い、在庫を多く保有しなくてはならない、あるいは、現金仕入の比率が高いなど、一時的に資金が不足しても回収の予測がつく場合には借りられる可能性が高くなります。

②長期運転資金

長期運転資金は、経常運転資金の長期（1年超）版です。期間が長いため、通常のキャッシュ・フローの中に返済が組み込めるかがポイントになります。銀行に交渉する際には、事業計画書などで返済ができることをアピールするとよいでしょう。

③賞与資金

従業員に賞与を支払うために確保する資金です。この資金は比較的銀行の審査が通りやすく、一般的には6カ月の分割で返済します。新しい銀行との取引を開始する際に、今後の実績づくりとして、この融資からはじめるのも有効だと思います。

④納税資金

本決算後の納税や中間納税のための資金です。こちらも比較的銀行の審査が通りやすいもので、一般的には6カ月の分割返済になります。また、賞与資金と同様に、新しい銀行との取引を開始するのに、この融資からはじめるのは有効でしょう。

⑤設備資金

新規出店やリニューアル等、事業をおこなっていく上で必要とする設備を購入するための資金です。前向きな融資なので、比較的審査は通りやすいといえます。ただし、申請に際しては、それによってどのような効果が得られるのかを資料にまとめ、重要性が高いことをアピールすることが大切です。

⑥赤字資金

赤字が発生すると、収入より支出が多くなり、資金不足となるため、それを補う資金。よほどの理由がない限り融資を受けるのはむずかしいでしょう。

自己資金があったとしても、それをすべて設備や納税に当ててしまうようなお金の使い方はすべきではありません。手元に余裕をもたせながら、銀行の融資を上手に活用して、ゆとりある経営を心がけていきましょう。

12 借入期間はできるだけ長く

資金繰りは、入って来るお金をできるだけ「多く・早く」、出て行くお金を「少なく・遅く」したほうがラクになるものです。このスタンスから考えてみても、借入金の返済期間はできるだけ長いほうが、月々の返済金額が少なく資金繰りの負担は軽くなるといえます。

しかし、場合によっては、こちらの要望どおりの期間で借り入れられない場合もあります。そこで無理をしすぎると、後々資金繰りで苦労することになるかもしれません。

Case study ㉒ 返済期間の長さを考える

AさんとBさんは、それぞれ7店舗のカフェを経営しています。そろそろ次のお店の出店を考えているときに、ちょうどよい物件が見つかりました。

手元には、最近借り入れした運転資金（返済期間3年）があります。そのお金で物件を押さえ、出店してもよいものかと迷っています。

Aさんの場合

Aさんは、「運転資金も出店資金もお金には変わりない」と考え、手元のお金を8店舗目の出店資金に充ててお店をオープンしました。お店の売上は順調に伸びていきましたが、しばらくするとお店の資金繰りが苦しくなってきました。銀行への返済負担が大きくなっていたのです。

結局、Aさんは返済期間の延長を銀行に相談しなければなりませんでした。

Bさんの場合

Bさんは、運転資金を出店資金に充てる前に、返済のシミュレーションをしてみることにしました。すると、いま手元にあるお金を使ってしまうと、当座の資金繰りがぎりぎりになってしまうだけでなく、返済負担も大きくなることがわかりました。Bさんはその物件を一旦仮押さえし、出店資金の融資を銀行に相談しました。

しばらくすると、出店資金を返済期間7年で借り入れることができ、その資金で8店舗目をオープンすることができました。手元の運転資金にも余裕があり、月々の返済の負担も抑えることができたので、Ｂさんのお店は無理のない経営を続けています。

うまくいく人、いかない人
そこには「返済期間」の壁がありました。

一般的に、運転資金の返済期間は、出店資金（設備資金）の返済期間に比べると短期に設定されています。出店資金は長期間をかけて投資回収していくものですから、そこに短期で返済する運転資金を充ててしまうと、月々の返済負担が大きくなり資金繰りが苦しくなります。融資を受けるなら、できるだけ長い返済期間で借りるようにしたほうがいいでしょう。

では、次のような条件の場合なら、あなたはどちらを選びますか？
Ａのほうが金利は低いけれど、Ｂのほうが返済期間が長くなっています。

A　元本2000万円（期間3年、金利1・0％）
B　元本2000万円（期間7年、金利2・0％）

金利が有利なほうが返済の総額は少なくなるためAを選びたくなりますが、資金繰りの点から見れば、やはり返済期間にゆとりのあるBがいいと思います。

それぞれの数字を比較してみましょう。

完済までに支払う金利総額は、Aは約31万円、Bは約142万円になります。その差は約111万円ですが、7年間で考えれば1カ月あたりの差はたった1万3000円です。

一方、毎月の元本返済額を見てみると、Aは約56万円、Bは約24万円となり、その差は約32万円です。

確かにBのほうが支払う総額は多くなりますが、月々の返済はかなりラクになります。

13 融資条件の標準を知ろう

金利は高いより低いほうがいい。あるいは、返済期間は短いより長いほうがいいというように、融資を受けるなら少しでもよい条件で借りられるほうがいいわけですが、何を標準として判断するかは会社によって異なります。

たとえば、経営者Aさんが設備資金の融資を申請したとき、銀行から次のような返済期間を提示されたらどうするでしょうか。

①返済期間5年……あまりよいとは思えないな。ほかの銀行にも相談してみるか。
②返済期間7年……今の会社の状況なら、このくらいが妥当だろう。借りてもいいかもしれない。
③返済期間10年……とてもよい条件だ。いますぐ融資を受けよう。

などと、融資を受けるかどうかを決めると思います。ところが、これがAさんの会社より経営状況の良好なBさんの会社ならどうでしょう。

①返済期間5年……この条件は悪すぎる。とても受け入れられない。

②返済期間7年……あまりよいとは思えない。ほかの銀行に交渉してみよう。
③返済期間10年……今の会社の状況なら、このくらいが妥当だろうな。でも、もう少し長く設定できないか交渉してみるか。

また、反対に、Aさんの会社ほど経営状況のよくないCさんの会社なら、返済期間7年でもよすぎるくらいの条件になるかもしれません。

ここで大切なのは、経営者のみなさんが自分の会社の標準を知っておくということです。

「いまの自分の会社ならばどれくらいの融資条件が標準なのか」を知らないと、不利な条件に気づかず借りてしまったり、よい条件で提示されたチャンスを逃したりする可能性も高くなるでしょう。

普段から、自分の会社の状況に目を配り適正な判断を下す力が、経営者には求められているのです。

14 地力がつくと、可能性も広がる

自分の会社の規模を拡大していきたいと思う人ほど、銀行とのお付き合いは重要です。そして、銀行から「この経営者になら貸してもいい」と思われるようになるには、経営者としての力を磨いていく必要があります。

私は、これを経営者の「地力（じりき）」と呼んでいます。言い換えれば、会社経営の「カネ」の基盤をしっかり固められる力、倒れない力というところでしょうか。

「数字は苦手だから……」という〝どんぶり勘定〟のままではなかなか地力はつきません。経営者としての自覚をもち、経営のお金の流れを読み、数字の管理ができる。こうした感覚を1つひとつ自分のものにしていくことで、地力は磨かれていくのだと思います。

そして、地力がつくことで一気に事業を拡大するようなチャンスもつかむことができるようになります。

Case study ㉓ 経営者としての地力

AさんとBさんは、それぞれ10店舗の洋食店を経営しています。今後、洋食に関連して、なにか新しいことをはじめたいという気持ちがありますが、なかなかいい物件が見つからずにいました。

そんなとき、コンサルティング会社から3店舗のパスタ店を展開する会社のM&A（売却）案件を紹介されました。AさんもBさんも興味津々。早速資金の準備を検討しはじめました。

Aさんの場合

Aさんはこの案件に興味をもったのですが自己資金にあまり余裕がなく、3店舗を一度に買い取るには銀行から融資を受ける必要がありました。そこで、銀行の担当者に打診してみたのですが、普段からあまり付き合いもなくこれまでの借入金の残高もかなり残っていたため、融資を断られてしまいました。

１店舗を新たにオープンすることも考えてみたものの、よい物件がなかなか見つからず、Ａさんは新たな事業に踏み出すタイミングを逃してしまいました。

Ｂさんの場合

Ｂさんはこの案件に興味をもち、早速コンサルティング会社に打診をしました。以前から新しい事業を展開したいと考えていたＢさんは、コツコツ自己資金をためていたのです。不足分は銀行の融資でまかなわなければなりませんでしたが、ある程度の自己資金があり、かつ、これまでの銀行取引も順調だったため、融資もスムーズに受けることができました。

Ｂさんは一気に３店舗を手に入れることができ、まとめて購入することで諸費用をかなり抑えることができました。

うまくいく人、いかない人
そこには**「地力」の壁**がありました。

Aさんも Bさんも所有しているお店の経営はどちらも順調だったようですが、Aさんよりも Bさんのほうがより資金調達力が優れていたことで、3店舗をまとめて買い取ることができました。

本書でこれまで説明してきたとおり、普段からの「カネ」との向き合い方の違いがこうしたチャンスをものにできるかどうかに表れるのだと思います。

15 夢を叶える会社は、お金に強い会社である!

Bさんのように経営の地力がついてくると、経営のロードマップも選択肢が広がっていきます。たとえば直営での多店舗展開を目指すだけでなく、独立支援やフランチャイズ展開、M&A（買収）など、成長の形を自在に選ぶことができるのです。

また、これまでの常識にとらわれない新たな業態の開発、たとえば異業種とのコラボレーションのような試みもできるかもしれませんね。

こうした様々な夢を叶えるために財務があると思っています。

たくさんの飲食店経営の事例に触れる中で、飲食店ビジネスのむずかしさを日々痛感します。

たとえば当社のようなコンサルティング会社であれば、初期投資はほぼ不要で「カネ」に関する土台はそれほど重要ではないですし、「モノ」もたいして必要ではありません。その点、飲食店ビジネスは、最初の段階から「ヒト、モノ、カネ」のすべてが必要で、うまく資金調達ができないとすぐに経営がストップしてしまいます。

私は、そんなむずかしいビジネスモデルの中で頑張っている飲食店オーナーのみなさんを、心から尊敬していますし、さらに多店舗展開という難関に挑んでいくのですから、何としても成功していただきたい気持ちでいっぱいです。

オーナーのみなさんの夢を叶えるには、

まず、倒産しないこと。

そして、必要なときに必要なだけ、しかも最高の条件で資金調達できるような地力を身につけていただきたい。

そんな気持ちで、日々の飲食店経営者のみなさんのサポートをしています。

私がご縁をいただく飲食店経営者のみなさんは、成長意欲旺盛な方ばかりです。私自身もみなさんとともに成長し、旧来型のコンサルティングの枠にとらわれず、お役に立つサービスを開発・提供し続けて、みなさんの夢をともに実現する同志として一生涯のパートナーであり続けたいと思います。

おわりに

本書の中で経営の運転免許のお話をしましたが、すべては明確なゴールを描くことからはじまります。

そして、実際に車を走らせるためのカーナビ（事業計画）を設定し、ルートやスピードのチェック（業績のチェック）をしながら走ります。

途中でガソリンが切れないように、ハイオク満タン（資金調達及び資金繰りのチェック）で順調に走れるように、車の整備（銀行格付けを上げる）も怠ってはいけません。

こうした頑張りの先にこそ、ビジネスの成功があるのです。

当社ビーワンフードが、たとえば「この世でたった1つ、うちだけの味やサービスにこだわりながら、多店舗展開、新規出店をしたい」というようなオーナーさんの様々な夢を叶えるため、「カネ」の土台づくりをクリエイティブに、ワンストップでサポートすることをコンセプトにサービスを開始してから8年が経ちました。

これまでたくさんのオーナーさんの独立開業、新規出店、多店舗展開などをサポートさせていただきましたが、おかげさまで、当社のお客様で資金繰りができず倒産したという会社はゼロ。みなさん着実に夢に向かって進んでいます。

そのように事業を拡大する中で、ある程度の規模になるとスタッフのキャリアアップの1つの選択肢として、「独立支援制度」を設けるオーナーさんが増えてきたように感じます。


現在のチェーン店の代表的なモデルといえば、みなさんもよくご存じのFC（フランチャイズ）という形態です。食材の仕入れからサービスまでをマニュアル化し、パッケージで第三者に販売するというものです。

チェーン店にはチェーン店のよさがあり、利用するお客様にとっては、どこのお店を利用しても同等の品質の料理やサービスが受けられる安心感があります。

また、FCオーナーには完成したビジネスモデルが手に入るメリットがあり、FCの本部は加盟店からの加盟料やロイヤリティが得られます。これから事業を広げて行こうという飲食店オーナーにとっては、これも1つの選択肢だと思います。

一方で、これからの時代、「そこにしかない料理」「そこにしかないサービス」「そこにしかない空間」など、もっと個性のあるお店が求められるようにも思います。では、お店の個性はどのようにしてできていくのでしょう。

そう、最終的に個性を生み出すのは人です。

そうした飲食店で働く人の多くは、大なり小なり「いつかは独立したい」という夢をもっています。

しかし、簡単に独立といっても、独立して成功すればハイリターンが得られますが、飲食業界の廃業率が物語っているとおりハイリスクです。そこで、もう1つの選択肢として考えたいのがミドルリスク・ミドルリターンの独立支援です。

基本的にはオーナーの業態であるけれども、独立希望者の個性を発揮できる環境を用意してあげながら、FCとして独立させてあげるというものです。

独立希望者にとっては、いきなり独自の業態で出店するリスクを回避しながら自分の個性を活かしたお店づくりができ、また、オーナーとしては、一緒に働いた仲間を独立させることで、すでに意思疎通ができている仲間とさらに連携しながら、一緒に自分たちのブランドを守り、広めていく効果が期待できます。

当社では独立支援制度の設計にはじまり、独立までのサポート、独立時のサポート、独立後のサポートを通じて、ワンストップで独立支援という形での店舗展開を、多店舗展開の1つの選択肢としてサポートしています。そうすることで、独立したお店のオーナーも、本部となるオーナーも、ともに夢を叶え笑顔で過ごせるような未来を夢見ています。

そもそも飲食店は「ただ食事をとる場」としての価値だけではなく、「出会いの場」「ストレス発散の場」「交友の場」「明日への活力の場」など、たくさんの「価値」をもつ素晴らしい場だと思っています。直営、FC、独立支援、M&Aなど、どのような選択肢であったとしても、世の中にこのような個性溢れ価値あるお店が増えていくことを願っています。

そして、みなさんがゴールを目指して経営のドライブを進めていく中で、本書でご紹介した内容が少しでもお役に立てたのなら、これほどうれしいことはありません。

最後に今回、本書の完成に力を貸してくださった天才工場のみなさんにこの場を借りてお礼を申し上げます。
そして、日々飲食店オーナー支援のために、私とともに活動を続けている社員のみなさん、ご協力をいただいている関係各社のみなさんに、この場をお借りして感謝の意をお伝えしたいと思います。

そして、本書を手に取り読んでくださったみなさま、ありがとうございました。
夢を叶える会社は、お金に強い会社である。
みなさまの夢が叶うことを心より願っています。

2015年9月

株式会社ビーワンフード代表取締役
公認会計士・税理士　廣瀬　好伸

●著者プロフィール

廣瀬好伸（ひろせ よしのぶ）

兵庫県姫路市生まれ。

京都大学在学中に公認会計士試験に合格し、あずさ監査法人に入社。

主に銀行の監査に従事し、銀行の融資ルールを実地で学ぶ。

その後起業し、その経験・ノウハウと公認会計士・税理士というノウハウで、飲食業に特化した「お金の専門家」として飲食店の成長をお金の面から支える株式会社ビーワンフードと、ベンチャー企業・中小企業の成長を財務面から支える「財務に強い」税理士法人ミライト・パートナーズを経営。

自らも飲食店を経営した経験があり、現場の視点に立ったわかりやすい解説にも定評がある。

また、飲食店経営者・店長向けに「資金調達力アップ」「銀行融資のルール」「店長の数字力アップ」などのセミナー・研修を数多く実施している。

株式会社ビーワンフード HP
http://www.beonefood.co.jp

企画協力　株式会社天才工場　代表取締役　吉田　浩
編集協力　堀内伸浩　浅井千春
組版・図版　Shima.
装幀　株式会社クリエイティブ・コンセプト

1店舗から多店舗展開 飲食店経営成功バイブル
23の失敗事例から学ぶ「お金」の壁の乗り越え方

2015年11月20日　第1刷発行
著　者　廣瀬　好伸
発行者　山中　洋二
発行所　合同フォレスト株式会社
郵便番号 101-0051
東京都千代田区神田神保町 1-44
電話 03（3291）5200　FAX 03（3294）3509
振替 00180-9-65422
ホームページ http://www.godo-shuppan.co.jp/forest
発売元　合同出版株式会社
郵便番号 101-0051
東京都千代田区神田神保町 1-44
電話 03（3294）3506　FAX 03（3294）3509
印刷・製本　株式会社シナノ

■刊行図書リストを無料進呈いたします。
■落丁・乱丁の際はお取り換えいたします。

本書を無断で複写・転訳載することは、法律で認められている場合を除き、著作権および出版社の権利の侵害になりますので、その場合にはあらかじめ小社宛てに許諾を求めてください。
ISBN 978-4-7726-6058-7　NDC 335　188 × 130
©Yoshinobu Hirose, 2015